Jece Valadão

Também Somos Irmãos

Jece Valadão

Também Somos Irmãos

Apoenan Rodrigues

imprensaoficial

São Paulo, 2010

**GOVERNO DO ESTADO
DE SÃO PAULO**

Governador   Alberto Goldman

imprensaoficial   **Imprensa Oficial do Estado de São Paulo**

Diretor-presidente   Hubert Alquéres

Coleção Aplauso

Coordenador Geral   Rubens Ewald Filho

No Passado Está a História do Futuro

A Imprensa Oficial muito tem contribuído com a sociedade no papel que lhe cabe: a democratização de conhecimento por meio da leitura.

A Coleção Aplauso, lançada em 2004, é um exemplo bem-sucedido desse intento. Os temas nela abordados, como biografias de atores, diretores e dramaturgos, são garantia de que um fragmento da memória cultural do país será preservado. Por meio de conversas informais com jornalistas, a história dos artistas é transcrita em primeira pessoa, o que confere grande fluidez ao texto, conquistando mais e mais leitores.

Assim, muitas dessas figuras que tiveram importância fundamental para as artes cênicas brasileiras têm sido resgatadas do esquecimento. Mesmo o nome daqueles que já partiram são frequentemente evocados pela voz de seus companheiros de palco ou de seus biógrafos. Ou seja, nessas histórias que se cruzam, verdadeiros mitos são redescobertos e imortalizados.

E não só o público tem reconhecido a importância e a qualidade da Aplauso. Em 2008, a Coleção foi laureada com o mais importante prêmio da área editorial do Brasil: o Jabuti. Concedido pela Câmara Brasileira do Livro (CBL), a edição especial sobre Raul Cortez ganhou na categoria biografia.

Mas o que começou modestamente tomou vulto e novos temas passaram a integrar a Coleção ao longo desses anos. Hoje, a Aplauso inclui inúmeros outros temas correlatos como a história das pioneiras TVs brasileiras, companhias de dança, roteiros de filmes, peças de teatro e uma parte dedicada à música, com biografias de compositores, cantores, maestros, etc.

Para o final deste ano de 2010, está previsto o lançamento de 80 títulos, que se juntarão aos 220 já lançados até aqui. Destes, a maioria foi disponibilizada em acervo digital que pode ser acessado pela internet gratuitamente. Sem dúvida, essa ação constitui grande passo para difusão da nossa cultura entre estudantes, pesquisadores e leitores simplesmente interessados nas histórias.

Com tudo isso, a Coleção Aplauso passa a fazer parte ela própria de uma história na qual personagens ficcionais se misturam à daqueles que os criaram, e que por sua vez compõe algumas páginas de outra muito maior: a história do Brasil.

Boa leitura.

Alberto Goldman
Governador do Estado de São Paulo

Coleção Aplauso

O que lembro, tenho.
Guimarães Rosa

A *Coleção Aplauso*, concebida pela Imprensa Oficial, visa resgatar a memória da cultura nacional, biografando atores, atrizes e diretores que compõem a cena brasileira nas áreas de cinema, teatro e televisão. Foram selecionados escritores com largo currículo em jornalismo cultural para esse trabalho em que a história cênica e audiovisual brasileiras vem sendo reconstituída de maneira singular. Em entrevistas e encontros sucessivos estreita-se o contato entre biógrafos e biografados. Arquivos de documentos e imagens são pesquisados, e o universo que se reconstitui a partir do cotidiano e do fazer dessas personalidades permite reconstruir sua trajetória.

A decisão sobre o depoimento de cada um na primeira pessoa mantém o aspecto de tradição oral dos relatos, tornando o texto coloquial, como se o biografado falasse diretamente ao leitor.

Um aspecto importante da *Coleção* é que os resultados obtidos ultrapassam simples registros biográficos, revelando ao leitor facetas que também caracterizam o artista e seu ofício. Biógrafo e biografado se colocaram em reflexões que se estenderam sobre a formação intelectual e ideológica do artista, contextualizada na história brasileira.

São inúmeros os artistas a apontar o importante papel que tiveram os livros e a leitura em sua vida, deixando transparecer a firmeza do pensamento crítico ou denunciando preconceitos seculares que atrasaram e continuam atrasando nosso país. Muitos mostraram a importância para a sua formação terem atuado tanto no teatro quanto no cinema e na televisão, adquirindo, linguagens diferenciadas – analisando-as com suas particularidades.

Muitos títulos exploram o universo íntimo e psicológico do artista, revelando as circunstâncias que o conduziram à arte, como se abrigasse em si mesmo desde sempre, a complexidade dos personagens.

São livros que, além de atrair o grande público, interessarão igualmente aos estudiosos das artes cênicas, pois na *Coleção Aplauso* foi discutido o processo de criação que concerne ao teatro, ao cinema e à televisão. Foram abordadas a construção dos personagens, a análise, a história, a importância e a atualidade de alguns deles. Também foram examinados o relacionamento dos artistas com seus pares e diretores, os processos e as possibilidades de correção de erros no exercício do teatro e do cinema, a diferença entre esses veículos e a expressão de suas linguagens.

Se algum fator específico conduziu ao sucesso da *Coleção Aplauso* – e merece ser destacado –, é o interesse do leitor brasileiro em conhecer o percurso cultural de seu país.

À Imprensa Oficial e sua equipe coube reunir um bom time de jornalistas, organizar com eficácia a pesquisa documental e iconográfica e contar com a disposição e o empenho dos artistas, diretores, dramaturgos e roteiristas. Com a *Coleção* em curso, configurada e com identidade consolidada, constatamos que os sortilégios que envolvem palco, cenas, coxias, sets de filmagem, textos, imagens e palavras conjugados, e todos esses seres especiais – que neste universo transitam, transmutam e vivem – também nos tomaram e sensibilizaram.

É esse material cultural e de reflexão que pode ser agora compartilhado com os leitores de todo o Brasil.

Hubert Alquéres
Diretor-presidente
Imprensa Oficial do Estado de São Paulo

Deus e o Diabo na Terra do Sol

Afastada do burburinho natural dos eventos cinematográficos, a evangélica Vera Valadão teve uma espécie de sonho na madrugada do último dia do 16º Festival de Cinema de Natal, que, em 2006, homenageou seu marido Jece Valadão com o Prêmio Tributo, pelo conjunto da obra. No silêncio do seu quarto, ela garante ter visto escrita a palavra luto. Curiosa e incomodada ao mesmo tempo, comentou o fato rapidamente com o companheiro e com um casal de amigos. Mas uma trágica confirmação da sua delirante leitura no escuro viria acontecer. Apenas dez dias após a imagem premonitória, aos 76 anos, Jece Valadão, que era diabético, faleceu em decorrência de complicações renais, seguidas de arritmia cardíaca e infarto agudo do miocárdio, no dia 27 de novembro de 2006, às 17h20, no Hospital Panamericano, em São Paulo, depois de permanecer uma semana em coma induzido.

Um ano antes, Valadão deu seu depoimento à *Coleção Aplauso*. A voz grave, compassada, continuava quase igual. O jeito um pouco impaciente também, mas, quando desatava a conversar, era impossível não perceber a diferença de estilo. Até mesmo nos momentos em que, inadvertidamente, deixava escapar algum palavrão que ainda não conseguira apagar do repertório de seu esmaecido personagem cafajeste, cultivado por décadas. Afinal, em 2005, Jece Valadão já se colocava como um respeitado pastor evangélico da Assembléia de Deus. Não é à toa, portanto, que cada frase pensada, cada raciocínio mirabolante sobre determinada passagem da *Bíblia*, fossem empolgadamente ditos em tom profético, como se seu autor estivesse em permanente abraço com um púlpito. Tal comportamento se fazia necessário, pois Valadão afirmava ser esta a sua missão até o fim de seus dias. *Digo com toda tranqüilidade que sou um porta-voz, um instrumento da palavra de Deus*, confessou.

Foi com a certeza de que poderia falar sem restrições da sua nova vida na igreja, que Jece Valadão concordou em ser um dos biografados desta coleção. Ao contar sua história, entretanto, ele não se esquivou de detalhar o famoso passado de noitadas homéricas, regadas a uísque e mulheres. Ao contrário, relembrou fatos picantes, curiosos e divertidos vividos ao longo de uma sólida carreira de ator, produtor, dramaturgo e diretor de obras contundentes e importantes para a história do cinema e do teatro nacionais. Mesmo os que torcem o nariz para Jece Valadão, destacam suas atuações em filmes da linha de *Rio, 40 Graus*; *Os Cafajestes*; ou *A Idade da Terra*, ocasiões nas quais trabalhou sob as assinaturas de Nelson Pereira dos Santos, Ruy Guerra e Glauber Rocha. Ou em peças como *A Mulher Sem Pecado*; *Viúva, Porém Honesta*; e *Os Sete Gatinhos*, as três de Nelson Rodrigues. Também não há como apagar da memória as fitas populares que ele protagonizou, dirigiu ou produziu em ritmo veloz nas décadas de 1960 e 1970, e, mais timidamente, na de 1980, a maioria malhada pela crítica e hoje alvo de estudos daquela peculiar fase do cinema brasileiro.

Jece Valadão criou um estilo, um personagem, que, em 57 anos de carreira – considerando-se seu primeiro filme, rodado em 1949 –, foi o seu céu e o seu inferno. Cafajeste, machão e machista, rodou em mão dupla na alta sociedade e no submundo. Mas até às vésperas da sua morte inflava o peito para dizer que nunca se sentiu atraído pelas drogas ou pelo vício do álcool. Também enfatizava que sequer derrapou no homossexualismo. Casou-se seis vezes. Independentemente da fêmea em questão, o script era sempre o mesmo. Em uma casa mantinha a mulher de aliança no dedo, em outra a amante do momento e, numa "garçonnière", desfrutava das conquistas avulsas, muitas delas sedutoramente roubadas de seus respectivos maridos. Sua sexta mulher, Vera Lucia Valadão, ele conheceu na igreja que frequentava. Com eles, viviam Juliana Fernandes Pereira Miguel, 22 anos, filha de Vera, e Gecy Jece Valadão Filho, 22 anos, seu caçula com a dona de casa Katia Nunes.

Valadão gerou mais oito filhos. Quatro deles, só conheceu quando pequenos. Depois, nunca mais os viu. Eles foram assumidos pelos maridos posteriores das suas duas primeiras mulheres. Da sua união com a atriz Dulce Rodrigues, irmã de Nelson Rodrigues, teve o produtor e diretor Alberto Magno Rodrigues Valadão, 51 anos, e a continuísta Stella Rodrigues Valadão Lapeyre, 49 anos. E do tumultuado casamento com a atriz Vera Gimenez, ironicamente responsável pela sua conversão, nasceu o ator Marco Antonio Gimenez Valadão, 27 anos. Uma outra filha, Valéria Guida, 51 anos, fruto de uma relação extraconjugal, enquanto Valadão estava casado com Dulce, surgiu já adolescente na vida da família. Embora não fosse costumeiramente citada pelo ator e nem tenha o seu sobrenome, ela é reconhecida como irmã pelos quatro filhos legítimos.

Casamentos, amantes, filhos, fama, tudo aconteceu a tantos quadros por segundo, que, sem querer, a memória de Jece Valadão ficou seletiva. Datas não costumavam se encaixar com facilidade na sua cabeça. Também não fazia muita questão. Mas a noite de 8 de junho de 1995, Valadão retinha na lembrança como um celulóide intacto. Na ocasião, segundo seu testemunho, ele falou a língua dos anjos e foi batizado pelo Espírito Santo. Ainda de acordo com seu relato, só mais tarde percebeu que naquela mesma noite foi um dos escolhidos para ser o porta-voz de Jesus. Logo ele, à época um ateu convicto e debochado, que, da religião, só guardava os doces momentos em que surrupiava o vinho da igreja na qual foi coroinha quando criança. Recordação sempre associada às garotas que desfilavam na missa e às gorjetas dadas pelo padre. A revelação do Espírito Santo aconteceu na casa de um dos membros da Associação de Homens de Negócio do Evangelho Pleno (Adhonep), mais tarde assiduamente visitada por Valadão. *Tudo o que ele* (Jesus) *ali me revelou foi de uma clareza tão grande, tão maravilhosa, que eu não tive outra alternativa. Parei com tudo, com cinema, com teatro, com televisão*, revelou.

Esta e muitas outras histórias, que, provavelmente deixarão perplexos até os antigos fãs, foram contadas em dez encontros matutinos e vespertinos na sala de seu apartamento de classe média, no bairro paulistano da Bela Vista. Jece Valadão esquentou seu depoimento com fatos descritos de jeito emocionado, muitas vezes entusiástico. Durante as conversas, interrompidas apenas por uma intermitente tosse que o assaltava ao alterar o tom de voz, surgiram lampejos de nostalgia e altas voltagens de coragem daquele que se dizia um novo homem.

Conservado para sua idade, Jece Valadão, um quase vegetariano, ainda pouco sorria. Mas falava de lágrimas convulsivas – estranhadas por quem nunca admitiu o choro num macho. São autênticas memórias de um ex-mundano que, em determinado momento da vida, encontrou seu verdadeiro destino junto aos irmãos de fé.

Apoenan Rodrigues
2006

Capítulo I

Brumas do Tempo

Fui registrado como Gecy Valadão. Era para ser Gessé, mas acabou o escrivão do interior botando do jeito que ele quis e ficou Gecy Valadão. Mais tarde fiquei conhecido como Jece Valadão. Só que, em 1982, quando fui candidato a deputado federal pelo Rio de Janeiro, tive de mudar o meu nome na origem, em Santo Eduardo, uma cidade ao lado do lugar onde eu nasci, porque a lei não permitia, ou não permite ainda, que o prenome seja mudado. Então, hoje meu nome certo é Gecy Jece Valadão. Eu nasci em 1930, no dia 24 de julho, num lugarejo chamado Murundu. Murundu é município de Campos dos Goytacazes, no Rio de Janeiro. Sou filho de ferroviário. Meu pai se chamava Cupertino Valadão e minha mãe Hermínia Carvalho Valadão. Todos oriundos do campesinato. O meu pai morreu há uns 10 ou 12 anos. A minha mãe morreu há dois, com 98 anos. Esteve lúcida durante muito tempo, mas nos últimos dois anos de vida ela foi acometida pelo mal de Alzheimer. Então, foi um tempo realmente sofrido, coitada.

Meu pai saiu da roça e veio trabalhar como ferroviário em Murundu, na Leopoldina Railway.

Seus pais, Hermínia e Cupertino Valadão, nos anos 1970

Nasceu na mesma região, perto de Macaé, Murundu, Campos, por ali. A origem da família Valadão é francesa. Meu filho, o Jece Filho, está fazendo uma pesquisa para ver se levanta alguma coisa da árvore genealógica, mas é muito difícil. Minha avó e meu avô paternos, eu não conheci. Nem meu pai conheceu. Ele era muito pequeninho quando meu avô morreu, numa daquelas histórias das cidades de interior de antigamente, quando o cara dizia: *Vou te dar um tiro*. O outro falava: *Então dá*. Abria a camisa e o cara dava mesmo e ele morria. Foi assim que meu avô morreu.

Eu tive um pai maravilhoso. Era um cara semianalfabeto, um pouco rude, mãos calejadas pelo trabalho que executava, mas de um caráter, de uma integridade a toda prova. Minha mãe era praticamente analfabeta. Eu tinha tudo para ser um cara do interior, analfabeto, ou então ser um ferroviário aposentado como meu irmão Gelson. Somos quatro irmãos. Eu, o mais velho, o Gelson, a Genancy e a Genaide. Era aquela mania que tinha de botar nome de filho tudo com uma letra só. A Genaide morreu ainda bebê, de sarampo. Naquela época se morria de sarampo.

De Murundu, onde tenho parentes até hoje, eu guardo poucas lembranças. Saí muito cedo de lá, com uns três anos de idade. Eu me lembro vagamente de uma pensão que meu pai e minha mãe exploravam para ferroviários que vinham de passagem. Também me lembro da casa onde nasci. Era daquelas casas bem pobres, de pau a pique. E me lembro do riozinho de Murundu, onde eu ia pescar com meu pai.

Ele fazia pescaria com bomba. Jogava dinamite no rio e a gente ficava lá embaixo esperando para recolher os peixes. Totalmente antiecológico, mas nem se falava em ecologia naquela época. Essas são as únicas coisas que eu me lembro de Murundu, porque logo em seguida nós nos mudamos para Cardoso Moreira, pertinho

Com os pais, Vera Gimenez e Nemir (cunhado), Genancy (irmã), Neuza (cunhada) e Gelson (irmão)

de Murundu. Meu pai, que tinha se desligado da roça e da enxada e já trabalhava como ferroviário, foi transferido para Cardoso Moreira. Lá, eu tive uma vida mais intensa e várias aventuras que ainda se mantêm vivas na minha cabeça.

Capítulo II

Vida Mambembe

Em Cardoso Moreira, nós tínhamos um grupo de amigos. O Cléber Leitoa, que vendia amendoim na passagem do trem. Eu me lembro do Nelson, filho do seu Armindo, que tinha um botequim, um quiosque, ao lado da estação do trem. Nessa época, a ferrovia era o forte do Brasil. Mais tarde o Governo acabou com a ferrovia e optou pela rodovia. É por isso que hoje nós não temos nem estrada, nem ferrovia. Nós não temos nada, graças a essa opção. Os trens cruzavam o Brasil inteiro e meu pai, como funcionário daquela rede inglesa, a Leopoldina Railway, foi transferido para vários lugares. Durante a nossa infância, nós moramos em vários lugares do Estado do Rio de Janeiro, do Estado de Minas Gerais e do Estado do Espírito Santo.

Tem até uma passagem que marcou muito a minha vida, em Cardoso Moreira. Eu estava com uns sete anos de idade. Nós tínhamos o nosso grupo de crianças, que morava na zona norte da cidade, digamos assim, e tinha o grupo de garotos da zona sul, que era uma zona mais rica. Fazíamos encontros em que cada um carregava um pedaço de pau, um cabo de vassoura, um pedaço de bambu e fazíamos guerra entre as crianças. Guerra mesmo, de quebrar a cabeça. Naquele tempo já tinha violência. Foi em Cardoso Moreira que a minha família começou a constituir um patrimônio. Meu pai trabalhava na estação e minha mãe sempre teve tendência para fazer esse negócio de pensão, hotel. Eles alugaram uma casa grande, na rua principal da cidade, e abriram um hotel. O primeiro hotel de Cardoso Moreira: Novotel. Ali se hospedava muita gente. E com isso eles ganharam dinheiro para construir nossa primeira casa, modestíssima, de sala, dois quartos, cozinha, mas que me parecia um palácio.

Ajudou no crescimento econômico da minha família o fato de a gente ter conhecido o seu Juca Soares, que era de Campos, onde o pai dele era bicheiro e dono de farmácia. Ele deu para o meu pai e minha mãe a concessão do jogo do bicho em Cardoso Moreira. Na época, a atividade não era tão perseguida como hoje. Com o hotel mais o jogo do bicho, ele construiu a casa dele do outro lado da linha de trem. Mas de repente eu fui sacudido na minha infância ao ver meu pai fazendo uns buracos no quintal de casa, quebrando manilhas e jogando tudo dentro para ser enterrado. Depois, eu vim saber que ele estava sendo processado por ter tirado o material de construção da Leopoldina. Ele não tinha nota, sei lá o que foi. Sei que ele perdeu o emprego na Leopoldina. Perdeu o emprego, vendeu o hotel e a coisa deu uma guinada para baixo novamente. Meu pai, então, comprou uma carroça e um burro para fazer transporte no porto fluvial de Cardoso Moreira. Eu o ajudava. Certa vez, tinha chovido muito e, numa ladeira, a carroça virou junto com o burro. Pela primeira vez vi meu pai chorando. Aquilo me marcou demais, porque meu pai me transmitia uma fortaleza, uma gana de vencer na vida.

É impressionante, mas durante toda minha vida eu apaguei essa cidade da minha cabeça por uma razão que vou contar mais tarde. Cardoso Moreira só passou a existir para mim há muito pouco tempo. Quando lembrei, é como se um filme tivesse passando. Eu me lembrei do meu tio, irmão da minha mãe, que era alfaiate e morava conosco, e que namorava a irmã do Cléber Leitoa. Ele namorava na sala da casa dela.

Eu e o irmão dela subíamos em uma árvore enorme que tinha em frente para ficar olhando lá de cima os dois se beijando, se agarrando. Bem, ficamos ali um ano e meio mais ou menos, meu pai ganhou a causa, ficou provado que ele não fez nada de errado e a Leopoldina teve que readmiti-lo e pagar todo o atrasado para ele. Aí, ele não queria mais ficar em Cardoso Moreira. Resolveu vender a casa e fomos embora para Raiz da Serra, perto de Petrópolis.

Lá passamos um Carnaval. Eu era garoto, tinha uns oito anos e me apaixonei por uma menina de uns 14 anos mais ou menos. Foi a primeira paixão da minha vida. Depois, fomos para Minas Gerais onde conhecemos de passagem Banco Verde e Ponte Nova. Acabamos ficando em Rio Doce. De lá partimos para Alegre, no Espírito Santo, e depois para Cachoeiro de Itapemirim. Em Cachoeiro fomos morar mal, porque estava tudo degringolado, todo mundo sem dinheiro. Moramos num lugar chamado Beco da Tia Chica, no porão da casa dela. Fui engraxate de rua, depois fui ser aprendiz de alfaiate. Fiz até o quarto ano primário e cursei o comercial por uns dois anos. Meu pai queria que eu aprendesse o código Morse para trabalhar na estação. Mas eu não queria ser ferroviário. Então, ele me botou para aprender alfaiataria.

Cachoeiro dessa época eu me lembro de tudo, inclusive do lugar onde nós morávamos. Na entrada do Beco da Tia Chica tinha uma casa chiquérrima, só de mulheres da vida. Isso em 1938. E eu ficava apaixonado por aquelas mulheres com aquelas lingeries, aquele negócio todo. Mulheres gordas, bonitas. Desde esta época eu já gostava.

Eu me iniciei sexualmente com 14 anos, em Cachoeiro de Itapemirim, com uma prima que estava dentro de casa.

Quando eu tinha mais ou menos nove anos, aprendendo o oficio de alfaiate, resolvi ser coroinha porque queria ganhar um dinheirinho. O padre da igreja, padre Jesus, dava uns trocados da coleta, eu bebia aquele vinho dele, que era muito gostoso, e paquerava as menininhas. Como o padre Jesus gostou muito de mim, ele me ensinou latim, a decorar o latim. A missa toda era rezada em latim, né? E o coroinha tinha de responder em latim. Mas não sabia o que estava dizendo. Então, a gente decorava. Foi uma fase boa.

Gostava de chegar cedo na igreja para repicar os sinos.

Saí ainda garoto de Cachoeiro, com mais ou menos 14 anos. Já era alfaiate, contramestre. Aprendi com uma facilidade incrível. Em seguida fui trabalhar numa oficina de alfaiate melhor, no centro de Cachoeiro. O dono da oficina gostou muito de mim e, quando se mudou para o Rio de Janeiro, pediu ao meu pai para me levar. Meu pai consentiu e fui para o Rio.

Capítulo III

Jogo de Malandro

No Rio de Janeiro, morei numa pensão na Rua 1º de Março, já sozinho, independente e ganhando meu dinheiro como alfaiate. Aí, resolvi viajar. Eu tinha uma habilidade incrível para jogar baralho. Ronda era jogo de malandro. É o jogo mais simples e o que mais se rouba. Bota duas cartas, um aposta numa, a banca aposta noutra. Como eu tinha uma agilidade incrível com as mãos, também jogava sinuca muito bem, ganhava todas. Então, o que aconteceu? Peguei um trem e fui parar em Resende, em Barra Mansa. Fiquei pela região um mês, dois meses, procurando emprego. Enquanto procurava emprego, jogava baralho e sinuca nos botequins. E ganhava dinheiro. Depois, fui para Guaratinguetá, interior de São Paulo. Lá, conheci um rapaz de vinte e tantos anos. Eu tinha 15 anos. Ele era caminhoneiro e fazia viagens para São Paulo. Peguei uma carona no caminhão dele e vim para São Paulo. Chegamos no bairro do Brás, onde ele descarregava, me despedi e nunca mais vi o cara.

Trabalhei no Brás e depois mudei para a Praça da Sé. Sempre trabalhando como alfaiate.

Na Praça da Sé, eu me hospedei numa pensão ao lado de um circo. Ali, namorei a filha da dona e com isso não pagava a pensão. Aí enjoou e me mandei.

Peguei um ônibus e fui para Curitiba. Cheguei no inverno, morrendo de frio, e fui trabalhar numa alfaiataria. Fiquei em Curitiba uns quatro, cinco meses no máximo. Dali, fui para Florianópolis, de Florianópolis fui parar em Uruguaiana, no Rio Grande do Sul. Atravessei a fronteira para Paso de Los Libres, na Argentina. Eu era menor de idade, a minha ideia era vazar o mundo, ir ganhando e gastando, ganhando e gastando, um andarilho. Nesse tempo, fiquei afastado da família. Só escrevia. Mas dizia para não me responder, porque eu não estaria mais naquele endereço quando a carta chegasse. Resultado: em Paso de Los Libres, eu estava num bar, num domingo à tarde, tomando lá um refrigerante qualquer – porque eu não bebia álcool, não consumia droga, nem fumar eu fumava – e houve uma briga. Essa briga se generalizou, veio a polícia e prendeu todo mundo, inclusive a mim. Eu não tinha nada a ver com aquilo, mas me levaram.

Na delegacia, mostrei carteira de trabalho e só. Era o único documento que eu tinha. O policial olhou, menor de idade, brasileiro, ilegal, me botaram num carro para Uruguaiana e me entregaram para o juiz de menores. Aí, o juiz me perguntou: *De onde você é, rapaz?* Respondi que estava vindo de Cachoeiro de Itapemirim. *E aonde é isso?* Ele olhou no mapa e perguntou: *E o que você veio fazer aqui rapaz?* Respondi: *Pois é, doutor, eu vim andando, andando, trabalhando, não sou ladrão, não sou vagabundo, não sou assassino, não estou fugindo da polícia nem nada. É espírito de aventura.*

O juiz ficou tão comovido com a minha história, que me deu um dinheiro para eu pegar um ônibus de volta para Cachoeiro. Ainda em Uruguaiana fiz amizade com o auxiliar de um dos comandantes daqueles naviozinhos pequenos de carga. Ele me mandou embarcar imediatamente. Mas eu ainda fiquei ali quase um mês, jogando sinuca, jogando ronda, sem o juiz de menores saber, é claro. Perdi o dinheiro todo e embarquei naquele navio como carona até o Rio de Janeiro. Embarquei duro no navio e desembarquei em Niterói com um dinheirão no bolso. Ganhei dos marinheiros no baralho. Não lembro qual era a moeda.

Mas dava para fazer muita coisa. Ganhei o necessário para ficar uns seis meses sem trabalhar. E os marinheiros ficaram duros, né? Saltei em Niterói e resolvi vir para o Rio. Fiquei na casa de uma tia que morava em Padre Miguel. Erotides era o nome dela. Mas era conhecida como tia Titide. Ela e o tio Badé, marido dela, tinham cinco ou seis filhos, alguns mais velhos do que eu, outros mais novos ou da mesma idade. Bati na casa dela e eles me receberam bem no primeiro dia. Mas quando viram que eu ia ficar começaram a torcer a cara. Sabe como é, mais uma boca para sustentar, mais um espaço ocupado e tal. Fiquei um tempo lá, me sentindo mal, cada vez pior.

Capítulo IV

Rádio Rabo Quente

Depois de tanto tempo longe da família, peguei um trem e voltei para Cachoeiro. Cheguei em 1948. Estava com 18 anos. Foi uma festa. Naquele mesmo ano estava inaugurando a ZYL-9 Rádio Cachoeiro. Era o tempo daquele rádio *rabo quente*, valvulado. Eu me entusiasmei de tal maneira, que fui lá conhecer a rádio. Procurei o diretor e disse que gostaria de trabalhar como locutor. Nunca tinha feito locução e não me aceitaram. Mas tinha uma loja em Cachoeiro que anunciava num carro com alto-falante os produtos naquelas cidadezinhas próximas. Arranjei um emprego de locutor daquele negócio e fui anunciar. Éramos eu e o motorista. Trabalhei nessa loja mais ou menos uns três meses até me sentir apto para ser locutor. Voltei na rádio e o cara me aceitou. Foi o período em que a rádio recebeu o maior número de cartas protestando contra a minha atuação, porque eu era ruim à beça.

A voz era boa, mas eu não tinha traquejo nenhum. Aquilo me tocou nos brios e falei para mim mesmo: *Ah é, vocês vão ver.*

Comecei a caprichar, a levar a sério a profissão. Acabei como principal locutor da rádio. Eu tinha, inclusive, um programa infantil de calouros, aos domingos. O Roberto Carlos cantava nesse programa. Ele já tinha sofrido o acidente, ia para lá, cantava, mas nós não tivemos nenhuma amizade. Depois que ele estourou no Rio de Janeiro é que eu liguei uma pessoa à outra. Na ocasião, ele devia estar com uns oito anos, porque ele é dez anos mais novo do que eu. Todo domingo ele cantava lá, com a muleta dele. Não me chamava a atenção, tanto é que passou despercebido.

Essa rádio de Cachoeiro pertencia a uma rede da empresa Alceu Nunes Fonseca. Como eu cresci profissionalmente na ZYL9, o seu Nunes Fonseca resolveu me usar para dirigir a rádio Itaperuna, no Estado do Rio de Janeiro. Fiz toda a reestruturação da rádio e aí me mandaram para Barbacena, em Minas Gerais, para fazer a mesma coisa na rádio da cidade. Reestruturei a rádio e depois me mandaram para a Rádio Industrial de Juiz de Fora. Fui para lá como locutor conceituado, aquele negócio todo. Eu inventava programas, *Um Tango à Meia-noite, Música e Poesia*, essas coisas.

Também fazia interação com o ouvinte, apresentava jornal. Aprendi muito em Juiz de Fora. Depois vim para a Rádio Cultura de Campos, no Estado do Rio. Cheguei com prestígio, ganhando bem, fazendo programas de auditório com prêmios. Tudo isso num curto período de tempo. Um dia, cismei e fui embora para o Rio.

Eu praticamente não tenho escolaridade nenhuma. Sou um homem culto porque li muito, aprendi na vida. Cultura não tem nada a ver com escolaridade. De qualquer maneira, quando cheguei no Rio, o que aconteceu? Fui direto para a Rádio Tupi. O rádio dominava a mídia no Brasil inteiro. E as duas grandes rádios que entravam no Brasil eram a Tupi e a Nacional. Então, eu me inscrevi num concurso para locutor da Tupi. Eu era o único concorrente do interior. Os outros candidatos vinham todos da rádio Mayrink Veiga, da Nacional, da Rádio Clube, emissoras cariocas. Eram locutores profissionais e eu me sentia numa desvantagem tremenda. O teste foi feito pelo Almirante (*Henrique Foréis Domingues, cantor, compositor, pesquisador e radialista carioca*), o cara que mais entendia de rádio no Brasil.

Foram passando os locutores, um melhor que o outro. Pensei: *Tô ferrado*. Fui o último. Quando acabei de ler o terceiro ou quarto comercial, notei que o Almirante estava saindo da sala. Pensei que seria reprovado. Qual a minha surpresa, quando ele declarou que eu tinha sido o escolhido.

Capítulo V

As Sete Faces de um Cafajeste

Trabalhava na Rádio Tupi das seis às oito da manhã. Morava numa pensão na Rua da Alfândega, daquelas onde colocavam quatro em um quarto. Com o salário da Tupi eu conseguia pagar só a pensão, que era cama e comida. Também dava para lavar a roupa dando uma gorjeta para a empregada. Não sobrava nada, nada. Então, eu tinha que me virar. Ia a pé da Rua da Alfândega até a Praça Mauá, onde ficava a Tupi. Demorava mais ou menos uns 40 minutos. No caminho, tinham vários telefones públicos, que, naquele tempo, funcionavam com moedas. O dinheiro ainda não tinha desvalorizado. Então, o que eu fazia? Às cinco da manhã, parava nos bares abertos, todos vazios, pegava o telefone, dava uma disfarçada e entupia a saída das moedas com jornal ou papel higiênico, sem que percebessem. Ia fazendo isso em todos os telefones de sete ou oito bares. Assim, as ligações não completavam e os aparelhos não devolviam as moedas porque as saídas estavam entupidas. Na volta da rádio, eu passava nos mesmos bares, desentupia os telefones e coletava um punhado de moedas. Isso das cinco às oito hein? Se eu deixasse o dia inteiro, ia ter muito mais. Aquilo quebrava o meu galho dos extraordinários.

Fiz isso durante um tempinho, mas depois pedi à diretoria comercial da Tupi para ser corretor de anúncio. Eles me deram uma carteirinha de corretor e dei sorte. Estavam lançando uma esponja de aço chamada Crespinha. Apresentei um projeto no qual eu tinha 20% daquela publicidade. Vinte por cento daquela publicidade correspondia, sei lá, para efeito de cálculo, a um ano de salário. Imediatamente eu saí da pensão, fui para Copacabana e aluguei sozinho um apartamento de frente para o mar. Aí, minha vida começou a melhorar. Vendi outras publicidades, passei a fazer locução no horário da noite. Substituí até o Ary Barroso, cujo programa era o equivalente ao *Fantástico* de hoje, da Rede Globo.

Eu estava com uma vida maravilhosa. Passei a me vestir melhor, as mulheres já começaram a se interessar por mim. Conheci a atriz Rosângela Maldonado. Ela tinha dois filhos, era casada, mas separada do marido. Acabei me amigando com ela.

Foi uma mulher importante na minha vida. E aí a coisa foi andando até eu decidir que queria ser ator de cinema, porque a minha paixão era cinema, sempre foi cinema, desde pequeno. Eu me lembro que em Cachoeiro fiz amizade com o projecionista do cinema da cidade. Ele me dava pedaços de filmes, eu pegava uma caixa de sapato, botava uma divisão no meio com uma lâmpada fosca e uma lente de óculos na frente e fazia cinema dentro de casa. A criançada pagava para assistir. Na verdade, era quase uma projeção de *slides* bem rústica. Mas já demonstrava o meu sentido empresarial, porque mais tarde eu vim a ser produtor. Hoje, tenho uma boa filmografia. Dezenas destes filmes foram produzidos por mim, pela empresa que eu montei em 1960, a Magnus Filmes.

Capítulo VI

Sorte de Principiante

Na virada dos anos 1940 e até boa parte dos anos 1950, quem mandava no cinema brasileiro era a Atlântida Cinematográfica, que produzia o maior número de filmes. Foi antes da Vera Cruz. A Atlântida Cinematográfica, no Rio, tinha um estúdio grande. Assim que entrei no estúdio pela primeira vez e vi aqueles relatórios para figuração decidi que queria trabalhar em cinema. Preenchi uma ficha. Qualifiquei tudo, nome do pai, da mãe, tal, onde nasceu, data de nascimento. Em seguida tinha uma série de perguntas. Fala inglês? Eu botei sim. Fala alemão? Sim. Tem *smoking*? Sim. Tem casaca? Sim. Pilota helicóptero? Sim. Tudo isso para ser figurante. Quando o cara responsável pegou minha ficha, achou que eu era louco ou gênio e mandou me chamar. Foi a maneira que eu encontrei de ser escolhido entre tantos candidatos.

Fui chamado para a figuração do filme *Também Somos Irmãos*. Era a primeira tentativa de um filme sério na Atlântida. O pessoal fazia chanchada. O diretor era o José Carlos Burle, era um cara muito centrado, muito correto. E eu, 19 anos de idade, aquele garotão. Olha, eu venci no mundo artístico, cheguei a um patamar no mundo artístico em condições excepcionais, mas nunca experimentei droga nenhuma, nunca fui alcoólatra e nunca tive uma relação homossexual.

Não me considero um careta, não. Para mim isso é normalidade. Eu sempre pensei assim. Não tenho nada contra. Não sou fiscal das atitudes de ninguém, mas é o meu comportamento, a minha formação, o meu ponto de vista. Eu nunca tive esse tipo de fraqueza, digamos assim. Por isso eu não estreei como figurante. E se tivesse estreado, eu estaria como figurante até hoje, porque é muito difícil sair da condição de figurante para estrela. Na ocasião, o diretor Burle escreveu uma cena na hora para mim, em cima do joelho. Era uma cena forte, na qual eu dialogava com o Grande Otelo. Eu fazia o garçom de um bar e o Grande Otelo, um frequentador. Ele começava a cantar samba e, por causa disso, eu tinha uma discussão com ele. Graças a esta cena eu tive uma fala no filme. O Grande Otelo já era conhecido. O Jorge Dória era o galã da fita, uma estrela.

Tem até uma história engraçada. O personagem do Dória fazia o pedido, eu vinha com os chopes, colocava um copo para a mulher que estava na mesma mesa e depois colocava o outro copo para ele. Só que a manga do meu casaco raspou no cabelo do Dória e desmanchou o penteado. Ele gritou, parou a cena e eu tremi nas bases. Veio o cabeleireiro, retocou o penteado e retomaram a filmagem. Aí, sem querer, desmanchei outra vez o cabelo do Dória. Pedi desculpas, e tal, só que ele não quis nem saber de conversa com figurante. Naquele momento achei que minha carreira de ator iria acabar ali.

O que eu fiz? Eu me enchi de coragem e fui falar com o diretor. *O senhor me desculpe, mas com a marcação que o senhor fez e com esta manga enorme do meu casaco, vou continuar esbarrando no cabelo dele.* Resultado: na terceira vez que eu desmanchei o cabelo do Dória, ele ficou enfurecido e gritou: *Burle, ou eu ou ele.* Fiquei arrasado e fui saindo de fininho, já pensando no fracasso da minha carreira de cinema que nem bem tinha começado. Foi quando o diretor me chamou: *Ei, aonde você vai? Volta aqui.* E aí escreveu a tal cena que eu fiz com o Grande Otelo. O Dória nem estava mais no estúdio, graças a Deus. O Grande Otelo era bem mais humano.

Depois desse filme, fiz outras participações pequenas em seis filmes até ser convidado para fazer *Nobreza Gaúcha*, que já era um papel mais central, com uma empresa que tinha no Rio de Janeiro chamada Sacra Filmes. Era uma produtora financiada pela igreja católica. Só fazia filmes assim. Eu detestei trabalhar com o diretor – antes havia feito com ele uma fita chamada *Almas em Conflito*. Foi o pior de todos com quem já trabalhei. Era um italiano chamado (*Rafael*) Mancini.

Mas era tinhoso o cara. *Nobreza Gaúcha* nós fizemos na cidade de Tupanceretã. É o nome mais lindo de cidade que eu já vi. Em tupi-guarani quer dizer *Deus passou por aqui.* Pois bem, esse Mancini descobriu por lá uma fazenda modelo, da família Terra, uma família muito religiosa. Na casa tinha santo espalhado para tudo quanto é lado. Basílio Terra era o nome do dono. Ele tinha uma filha linda. Comecei a namorar a filha dele e me arrependo até hoje de não ter casado com ela, porque era dinheiro que não acabava mais. O cara era dono de quase toda aquela região. Essa fazenda ficava nos Pampas. Tinha tudo de fazenda, mas tinha avião, carro do ano, geladeira, luz elétrica, adega. Chegamos lá num avião da FAB. A Maria Fernanda era a estrela do filme. Eu e o Emílio Castelar éramos os galãs.

Durante o dia nós íamos filmar naqueles pampas e o dono da fazenda mandava um peão com a gente. Na hora do almoço, ele simplesmente matava uma ovelha e fazia um churrasco de carneiro para comermos ali. Chegava à noite, na casa da fazenda, era um conforto só. Vinho à vontade, uísque, tudo do bom e do melhor. Toda noite era um banquete. E aí, quem disse que o italiano queria acabar a fita? Ele queria ficar o resto da vida ali, naquela vida boa. Aí, ele se apaixonou pela Maria Fernanda. Só que a Maria Fernanda se apaixonou por mim, nós nos apaixonamos. E ele não se conformava. Ele era velho, mais velho do que eu sou hoje. Eu tinha 24, 25 anos. A Maria Fernanda, aquela mulher linda, uma mulher liberada, impressionante, filha da Cecília Meireles. Depois do jantar, geralmente a gente ficava embaixo de uma árvore gostosa, namorando. O italiano foi ficando revoltado e um dia partiu para cima de mim. Eu peguei uma cadeira, e ele ficou três dias sem poder filmar. Resultado: o negócio chegou num mal-estar, num constrangimento tão grande, que o dono da fazenda resolveu impor um prazo para o término da filmagem.

A produção telefonou para a FAB e embarcou todo mundo naquele avião de paraquedista. Eu fiz amizade com o comandante e fui à cabine. Ele me passou o comando do avião dizendo assim: *Mantenha a estabilidade desse jeito*. O cara era um louco, né? Tudo isso por quê? Ele estava paquerando a Maria Fernanda, que não estava mais namorando comigo, e eu fiquei ali sozinho, com aquela bolinha pipocando, aquela bússola, sei lá, andando na minha frente. Estou eu lá na cabine, quando de repente ouço um tumulto no avião.

O Mancini, quando viu que o comandante estava ali, na paquera da Maria Fernanda, falou: *Mas quem está comandando?* O comandante responde: *O Jece está lá*. E o italiano: *Ele vai me matar*. Já queria brigar, foi um tumulto. O cara era louco. Aliás, só tinha louco, né? Louco o comandante, que me deixou o avião na mão; louco eu, que aceitei; e louco o Mancini que queria brigar comigo com o avião no ar. São coisas que a gente se lembra hoje e que na época pareciam normais, mas eram pura loucura.

Em cena de Rio, 40 Graus

Capítulo VII

Rio, 40 Graus

Mais tarde, em 1953, conheci o Nelson Pereira dos Santos e a minha vida em cinema começou verdadeiramente. Aí houve a realização do Segundo Congresso Nacional do Cinema Brasileiro e eu fui participar. Sempre fui assim, muito combativo. Nesse congresso, eu tive meu primeiro contato com o Nelson Pereira dos Santos. Houve uma empatia muito grande entre o Nelson e eu, porque a gente, sem querer, sem combinar coisa nenhuma, defendia os mesmos pontos de vista. Politicamente éramos muito parecidos na defesa do cinema brasileiro. Com isso, houve uma aproximação. E aconteceu o convite do Nelson para eu trabalhar com ele no filme *Rio, 40 Graus*, o primeiro longa-metragem dele. Claro que eu aceitei. O meu sonho era o cinema.

Rio, 40 Graus foi feito em circunstâncias especialíssimas. Não tinha dinheiro para nada. O único dinheiro vinha da venda de cotas do filme, feita por uns amigos que trabalhavam no Banco do Brasil.

Alugamos um apartamento na Praça Cruz Vermelha, no centro do Rio de Janeiro, um apartamento de três quartos, e ali morava toda a equipe. Nelson, eu, o Olavo Mendonça (*diretor de produção*), o Zé Kéti, que fazia a música, o Hélio Silva (*fotógrafo*). Eu era assistente de direção e ator principal do filme. Fazia um malandro de morro, chamado Miro. Um malandro de morro valentão, que se vestia com aquele chapéu e tal, no tempo da malandragem pura, da boêmia pura, quando não existia droga.

O Rio de Janeiro desse tempo era maravilhoso. Eu tive a honra de participar da vida boêmia do Rio de Janeiro na sua principal fase que foi nas décadas de 1950 a 1980. Foram quatro décadas de boêmia. No finalzinho da década de 1980 começaram a aparecer as drogas, cocaína, todo esse negócio, que não tinha na época. Naquelas quatro décadas, era boêmia sadia, saudável. O principal era mulher e uísque, nessa ordem mesmo. Então, a gente ia às boates para conquistar as mulheres. E para conquistar as mulheres, a gente consumia uísque. Era a droga que a gente consumia. Eu tive uma participação muito grande na vida boêmia do Rio de Janeiro. No início, um pouco menor porque era pouco conhecido, tinha pouco dinheiro ainda. Mas em meados da década de 1950, comecei a ganhar muito dinheiro com o negócio da corretagem de anúncio, morando sozinho em Copacabana, apartamento de frente para o mar e tal. A gente fazia festas homéricas, maravilhosas.

Na década de 1960, foi melhor ainda. Porque aí eu comecei como produtor de cinema.

Em *Rio, 40 Graus*, nós não tínhamos dinheiro para fazer o filme, mas tínhamos vontade, uma história muito boa na mão e uma turma entusiasmada, todo mundo jovem. O Hélio Silva, fazendo a primeira fotografia dele, o Zé Kéti fazendo a primeira música dele *(Na verdade, as músicas A Voz do Morro e Leviana já existiam, e só posteriormente foram incluídas na trilha do filme)*, eu, fazendo minha primeira interpretação, assim, de personagem principal, o Nelson fazendo o primeiro longa. Tudo isso deu uma força. Então, o que acontecia? Quando aparecia dinheiro vindo da venda das cotas pelos nossos amigos do Banco do Brasil, a gente comprava duas latas de negativo. Nós usávamos uma câmera Parvo-L. O Hélio Silva, com o talento que ele tinha, conseguia transformar essa câmera do cinema mudo para o cinema falado.

Um amigo do Nelson Pereira dos Santos, dono de uns refletores recondicionados, aqueles refletores enormes, emprestou três deles. E nós, numa Kombi caindo aos pedaços, saíamos para fazer o filme. Na Kombi, a gente transportava a equipe e o material todo. Íamos lá para o Morro do Cabuçu, onde se passa o filme. Deixávamos todo o material guardado na escola de samba.

Então, o que acontecia? Quem tomava conta do material eram os próprios malandros de morro procurados pela polícia. Eram malandros, mas não assassinos, estupradores, viciados, traficantes. Eram malandros que faziam pequenos furtos, coisas assim e tal. Às vezes, o cara que a gente deixava tomando conta era preso. Mas antes de ir preso, ele deixava outro cara no lugar.

Havia uma amizade entre a equipe do *Rio, 40 Graus* e o pessoal do Morro do Cabuçu. Tanto que os garotos que trabalharam na fita eram todos de lá. Muito bem, quando a gente tinha dinheiro filmava até acabar o negativo. Se não tinha, parava de filmar até entrar mais grana. Nós dividíamos o dinheiro para pagar o apartamento, para fazer macarrão quase todo dia. O Nelson cozinhava, o Hélio cozinhava muito bem, eu era encarregado de limpar a casa. Todo mundo fazia alguma coisa. Além de ser ator eu também era assistente de direção. E ainda tinha a função extra de arranjar namoradas para trazer para dentro de casa. Assim, elas ficavam com pena da gente e faziam comida, café.

Isso tudo foi um aprendizado maravilhoso para mim, porque eram 24 horas de convivência. Quando chovia, por exemplo, nós não podíamos filmar. Ou quando não tinha dinheiro, a gente também não podia filmar e ficava dentro de casa. Nessas ocasiões, o Nelson Pereira dos Santos – que tinha chegado de Paris há uns três anos, onde fez um curso de direção – transmitia para gente todo o seu aprendizado. Ele passava num quadro negro todo o *mise-en-scène* do filme, o Hélio Silva dava aulas de fotografia. Então, isso foi uma escola de cinema para todos nós. Eu usufruí do Nelson Pereira dos Santos todo o aprendizado que ele foi buscar na França. Isso me serviu muito, até hoje na minha vida.

Capítulo VIII

Revanche

Rio, 40 Graus ficou pronto depois de muito sacrifício, entrou no I Festival de Cinema do Rio de Janeiro e foi premiado. Era o único festival que tinha no Brasil naquela época. Nesse festival, aconteceu um fato engraçado. Anos antes, quando eu estava na Atlântida fazendo *Também Somos Irmãos*, o diretor Watson Macedo era a grande estrela. Ele, o Cyll Farney, a Eliana Macedo, a Fada Santoro, sem contar o Oscarito e o Grande Otelo. Farney era o galã, Lewgoy, o vilão, Macedo, o principal diretor, e a Eliana e a Santoro, as estrelas. Tinha um bar em frente ao estúdio da Atlântida onde eles se reuniam e um dia eu resolvi me dirigir ao Watson Macedo. Era quase impossível chegar perto dele. Estava lá, tomando café com o Cyll e a Eliana, eu cheguei e falei: *Seu Watson, sou fulano de tal, sou locutor da Rádio Tupi, mas o meu sonho é fazer cinema e o senhor é autoridade máxima do cinema*. Aí, o Watson Macedo me falou: *Ô rapaz, para fazer cinema, você tem de ser assim, bonito*, disse, olhando para o Cyll Farney.

As meninas têm de correr atrás de você nas ruas. O Cyll Farney deu aquele sorriso, a Eliana sorriu. Quer dizer, ele tripudiou dizendo que eu era muito feio e que não tinha de fazer cinema coisa nenhuma. Eu saí, disse muito obrigado, tal, e esqueci daquela conversa.

Passaram-se os anos, *Rio, 40 Graus* ganhou o prêmio de melhor filme, eu ganhei o de melhor ator no I Festival de Cinema do Rio de Janeiro, e quem estava lá no festival? Watson Macedo, Cyll Farney, todos eles. Eles concorriam também. Na saída do cinema, aquelas festividades todas, o Watson Macedo chegou para mim, disse muito prazer, me apresentou o Cyll Farney e falou: *Puxa, eu gostaria muito de conversar com você sobre a possibilidade de fazermos um filme juntos*. Eu disse: *Olha, Watson, eu não prometo a você porque acho que para trabalhar em cinema tem de ser bonito como o Cyll Farney*. Eu não sei se ele lembrou, porque fez uma cara de espanto. Mas o Cyll Farney lembrou, porque tempos depois comentou comigo.

Terminado *Rio, 40 Graus*, em 1955, veio a censura burra, troglodita, e proibiu o filme *(O filme ficou proibido durante quatro meses sob a alegação de que o diretor era comunista e queria manchar a imagem do Rio de Janeiro)*. O Juscelino Kubitschek era candidato a presidente. Começou a campanha e nós fizemos um acordo com a direção do partido dizendo que participaríamos da campanha com a condição de que, se ele fosse eleito, liberaria a fita. Foi o que aconteceu. O filme (*lançado em 1956*) foi um sucesso retumbante, viajou o mundo inteiro e nós começamos imediatamente a rodar *Rio, Zona Norte*. A intenção era fazer uma trilogia sobre a cidade: *Rio, 40 Graus*; *Rio, Zona Norte* e *Rio, Zona Sul*, que acabou não sendo feita *(Na verdade, o diretor Nelson Pereira dos Santos se sentiu desestimulado para finalizar a trilogia frente ao retumbante fracasso de bilheteria de* Rio, Zona Norte*)*. Depois, o Nelson foi filmar *Vidas Secas* e eu *Os Cafajestes*, minha primeira produção.

Durante ensaio de A Mulher Sem Pecado, *com Sônia Oiticica e Rodolfo Mayer, entre outros*

Capítulo IX

Beijo Roubado

Quando acabei *Rio, Zona Norte*, fui fazer teatro. Estreei no palco com a peça *A Mulher Sem Pecado*, do Nelson Rodrigues. Nessa peça, eu conheci a Dulce Rodrigues, irmã do Nelson, que era a estrela e dona da companhia. O Rodolfo Mayer era o diretor. Ele assistiu ao filme *Rio, 40 Graus*, viu meu personagem e queria que eu fizesse o papel masculino da peça. Mas a Dulce, que era uma moça muito recatada, não queria porque saía no jornal que eu era cafajeste, malandro de morro. O Rodolfo Mayer disse que eu não era e ela cedeu. A Dulce Rodrigues, sempre com um pé atrás, acabou casando comigo. Quer dizer, eu casei com ela, né? Vislumbrei a possibilidade de melhorar de vida, porque eles moravam num apartamento enorme no Parque Guinle. Eu nunca tinha visto uma casa tão grande na minha vida. Então, comecei a jogar charme para cima dela e acabei conquistando a Dulce.

Ela não admitia beijo em cena. O beijo teria de ser dado de costas para o público. Mas na estreia eu dei um beijo para valer.

Ela se sentiu violentada e decidiu casar comigo. Temos dois filhos ótimos desse casamento, o Alberto Magno, que tem uma produtora, é um cara bem-sucedido na vida, e a Stella Rodrigues, que é continuísta na Globo. Bem, foi um casamento meio atribulado, mas teve seu lado bom. Acontece que, depois do casamento, a Dulce ficou grávida, parou de fazer teatro e vi que a fortuna dela não era tão grande assim. Então, tive de trabalhar feito um louco para sustentar o filho que ia nascer e a filha que viria em seguida.

Trabalhei muito, construí o Teatro São Jorge na Rua do Catete, que hoje é o Teatro Cacilda Becker. Construí o teatro e estreei com uma peça que o Nelson Rodrigues escreveu para mim, *Viúva, Porém Honesta*. Não fez muito sucesso, então, passei a alugar o teatro para outras companhias, companhias de revista. Depois, vendi para um grupo chamado Teatro do Rio, que era um grupo com poder aquisitivo grande. Vendi e investi todo o dinheiro em *Os Cafajestes*, do qual fui produtor. Fiz o filme até com um pouco de sacrifício da minha família, mas fiz. E deu muito dinheiro.

O casamento com Dulce Rodrigues, Igreja da Glória, 1957

Capítulo X

O Personagem que Virou Alcunha

Os Cafajestes tinha no elenco Norma Bengell, Daniel Filho, Hugo Carvana, que fazia uma pontinha como fotógrafo, e Lucy Carvalho, uma atriz baiana. Foi o primeiro filme dela, depois fez mais um ou dois na Bahia e parou. Encontrei com ela muito tempo depois, já uma senhora e tal. Mas foi uma moça muito bonita. Meu personagem era o Jandir, um marginal de Copacabana, mau-caráter. A Norma Bengell era uma mulher muito bonita, muito elegante, muito sensual. Minha segunda intenção era possuir a Norma Bengell e ela estava sabendo, evidentemente. Mas, quando eu assinei o contrato com ela para fazer *Os Cafajestes* e começamos a filmar, ela resolveu se fechar em copas e não quis nada comigo. Eu não tive outra alternativa a não ser engolir aquela negativa durante toda a filmagem. O que eu podia fazer?

Muito bem, passou um tempo, fizemos *Mulheres e Milhões* no estúdio da Cinédia, no Rio de Janeiro. Ficamos hospedados na casa do produtor, uma mansão em Jacarepaguá, com uma piscina enorme, aquele calor.

Nos bastidores de Os Cafajestes, *com Gerson Tavares e Ruy Guerra*

Num final de tarde eu fui dar um mergulho na piscina. De repente, a Norma Bengell mergulha de biquíni, aquele corpão todo, vem nadando na minha direção e fala assim: *Hoje eu resolvi ficar com você.* O choque foi tão grande, eu não esperava mais, né? Obviamente encolheu tudo, dei a maior broxada da minha vida. E quanto mais eu tentava, não dava jeito. Desisti. Aí, no dia seguinte me recuperei e fui lá: *Vem cá! Não, agora não quero mais*, ela disse. Então, ela me sacaneou três vezes: não quis quando eu a contratei para fazer *Os Cafajestes*; quando ela quis, eu falhei; e quando eu me recuperei, ela não quis mais. Aí ficamos amigos.

Em *Os Cafajestes* aparece o primeiro nu frontal do cinema mundial. Não é do brasileiro, não. Antes, os americanos, os europeus botavam mulheres nuas, sempre de costas ou disfarçando. Com *Os Cafajestes*, pela primeira vez uma mulher bonita foi colocada de frente, nua. A cena foi filmada numa praia deserta, em Cabo Frio, e tem uma história curiosa. Quando eu contratei o Ruy Guerra para dirigir, ele tinha fama de diretor que não acabava os trabalhos. Então falei: *Ô meu, você vai acabar este filme por bem ou por mal*. E também falei que quem faria o papel principal feminino seria a Norma Bengell.

Ah não, a Norma Bengell não, disse ele. *Ela é vedete do Carlos Machado, do Walter Pinto, não pode*.

Não pode, mas pode, porque eu sou o dono do filme e pode. Eu a quero como atriz principal.

Mas não pode.

Então sai você, eu ponho outro diretor. Escolhe, ou você dirige Os Cafajestes *com ela ou não dirige.*

Fui taxativo. Ele teve que aceitar. Só que durante a filmagem ele se apaixonou pela Norma Bengell. Ééé, como homem e mulher. E ela não correspondeu de jeito nenhum, não queria nada com ele. Aí, teve aquela cena do nu com o carro correndo em volta dela na praia.

Emocionalmente, foi muito difícil para ela, mas a Norma encarou com muita seriedade, com muito profissionalismo. A Norma sempre foi muito profissional. Sou fã dela. Eu já conhecia a Norma. Antes de *Os Cafajestes*, eu e ela estávamos fazendo uma peça chamada *Procura-se uma Rosa*. Os autores eram o Pedro Bloch, o Vinicius de Moraes e o Gláucio Gill. O enredo era formado por três peças em uma, três versões de uma história que acontecia no Rio de Janeiro sobre uma moça chamada Rosa. Nós trabalhávamos nas três versões. Então, eu conhecia bem a Norma.

Pois bem, a cena do nu era para ser editada. A Norma Bengell nua, o carro, o *close* de mim dirigindo, o Daniel Filho no porta-malas fotografando. Mas o Ruy Guerra, com raiva dela, para prejudicá-la, deixou a cena inteira. Tanto que ficou uma coisa insuportável. Durante a sequência, rodada de uma vez só, tem ela em posições deselegantes, coisas que teriam que ser editadas. Daí, eu falei assim:

Olha, Ruy, você não vai deixar a cena inteira, não. Você vai cortar, vai editar porque está horrível, está grande demais e grotesco.

Ah, eu vou deixar porque o diretor sou eu.

O diretor é você, mas o produtor sou eu.

Fui para a moviola e cortei toda a cena. Cortei e editei como tinha que ser editado, mesmo assim ainda ficou grande. Mas ficou suportável, transformou-se na cena antológica do filme. Reconheço que o Ruy Guerra teve um grande mérito. Eu nunca disse isso antes, estou dizendo agora pela primeira vez. O filme foi feito há quase 45 anos e continua moderno. A linguagem cinematográfica, os diálogos, tudo continua modérníssimo. Isso aí é do Ruy Guerra, quer dizer é mérito dele.

Só sei que, depois de *Os Cafajestes, mermão*, eu deslanchei. No Brasil, o filme fazia o maior sucesso. Era proibido, depois liberado. Todo lugar que ia ser exibido, antes eu tinha de entrar com uma liminar. Foi uma loucura. Eu me lembro daquelas filas enormes nos cinemas. Quando acabava a sessão, se alguém encontrava um conhecido na fila, sempre falava: *Ih, não vai não, rapaz, é um filme horrível, um filme de merda, nunca vi coisa pior na minha vida*. Aí o cara respondia: *Pois é, já me falaram, mas eu quero ver*. Então, virou um compromisso intelectual assistir ao filme, entendeu? Por isso deu muito dinheiro. Mas a crítica desceu o pau na fita sob todos os aspectos. Isso repercutiu no exterior, o filme acabou sendo indicado para o Festival de Berlim e eu fui para lá.

A Norma Bengell, depois de *Os Cafajestes*, no mesmo ano fez *O Pagador de Promessas*, que ganhou o prêmio maior em Cannes. Com isso, ela ascendeu, foi contratada pelo Carlo Ponti para fazer um filme com o Alberto Sordi, lá na Itália e tal. Antes de ir para Berlim, eu parei na Itália para falar com a Norma, que estava filmando com o Alberto Sordi. Ela não estava em Roma. Fui até o estúdio do Carlo Ponti e mostrei o filme para ele. O Brasil já tinha ganhado a Copa do Mundo em 1958, ia ter a outra Copa, só se falava no futebol brasileiro e o Carlo Ponti me recebeu no escritório dele. Eu exibi a fita em 16 mm. Ele assistiu, mas só conversava de futebol comigo. Aí, falei da Norma Bengell e ele me disse que ela estava filmando em Palermo. Fui para lá estar com a Norma. Cheguei e me hospedei no mesmo hotel que ela e o Alberto Sordi. Lá também estavam hospedados o Alain Delon e aquele ator americano famosíssimo... Burt Lancaster, que estava fazendo um outro filme.

Com Ruy Guerra, nas filmagens de Os Cafajestes

Capítulo XI

Eu, Hein?

Burt Lancaster se apaixonou pela Norma Bengell. Ele gamou na Norma. E a Norma não queria nada com ele. Ela era uma mulher belíssima, que o Brasil inteiro queria. Aí, ela me convidou para jantar.

De Palermo voltei a Roma para pegar o avião para Berlim. Cheguei em Roma. Eu era um cara que no Brasil dormia com uma mulher por dia. E na Itália, até aquele momento, não tinha tido nenhuma. Estava desesperado. Tão desesperado que decidi procurar aquelas mulheres de programa. Aí, chegavam aqueles carrinhos pequenininhos italianos, com mulheres no volante. Eram mulheres de programa. Elas olhavam e falavam cinquenta não sei quantos dólares, *mille lira*, sei lá. As mulheres eram feias, velhas, com um quilo de maquiagem. Eu pensava, *mas nem se você me pagar*, e saía. Isso foi no primeiro dia, no segundo dia. No quarto dia, estava no Café de Paris, na Via Venetto – porque ali na Via Venetto é o seguinte, ou você está sentado olhando quem passa ou você passa olhando quem está sentado, é o tempo todo aquilo ali. E eu não saía da Via Venetto.

Lá, conheci um cara que foi assistente de câmera do filme *La Dolce Vita*, do (*Federico*) Fellini.

Acidentalmente, sentamos à mesma mesa e naquela dificuldade de falar, eu com um pouco de espanhol, um pouco de português, um pouco de inglês, ele chegou à conclusão de que eu era um cineasta que estava ali de passagem, indo para Berlim com um filme para concorrer no festival. Aí, ele me mostrou a carteirinha de assistente de câmera. Fizemos amizade e perguntei: *Nessa sua terra não tem mulher não?* Ele disse que (naquela época), depois das onze da noite, tudo era proibido, fechava tudo. Se você estivesse tomando um uísque, o garçom chegava e tomava o copo porque era uma multa tremenda.

Ele me levou numa boate clandestina, um cassino clandestino, e me apresentou uma menina linda, dizendo que eu era brasileiro, cineasta, aquele negócio todo. Ela tinha um salão de beleza durante o dia e de noite fazia programa nessa boate.

E eu louco pela mulher. Tinha de esperar a boate fechar às três horas da manhã. Saímos no carro dela, que era um carrinho conversível, e fomos para o hotel onde eu estava. Mas levou um amigo junto. Ela não saía sem ele. Chegando no hotel – eles sabiam que eu era cineasta –, eu tive de dizer que era uma jornalista que estava fazendo uma entrevista comigo para ela poder entrar, ela e o sujeito. Chegamos no apartamento, que era assim, com uma saletinha, o banheiro e o quarto que dava de frente para a rua principal.

Eu ia embarcar no dia seguinte, às 11 horas, para Berlim. Na janela ainda dei adeus para eles.

No dia seguinte, quando peguei o paletó, fui conferir no bolso, cadê a carteira? Eles tinham levado todo o meu dinheiro, tudo em dólar e *travel check*. Não deixaram nada. E eu não podia perder aquele avião. Meti a mão no bolso de fora do paletó, tinha algumas liras. Encontrei com uma amiga, cujo marido era embaixador na Itália, ela me emprestou o que tinha na bolsa e deu para pegar um táxi para o aeroporto. Saltei em Berlim sem falar alemão, sem conhecer ninguém e sem um tostão no bolso.

Capítulo XII

Carnaval no Fogo

Em Berlim, durante dois dias comi com a ajuda de custo do festival. Depois, a Norma Bengell, que veio para o festival, me emprestou 100 dólares. Até contei a ela a história da bichinha, ela morreu de rir, me gozou à beça. Aí passa *Os Cafajestes*. No dia seguinte à exibição, um rebuliço total porque o John Wayne e o Johnny Weissmuller não tinham assistido e exigiram da comissão do festival – veja como o destino é traçado – que exibisse novamente. Fizeram outra sessão, eles foram ver e com eles a imprensa do mundo inteiro. Foi uma propaganda gratuita. O filme ia passar despercebido. Claro, um filme do Terceiro Mundo. Aqueles mais estudiosos iam ver e tal, mas passaria despercebido.

Com o interesse do John Wayne e do Weissmuller repercutiu na imprensa inteira. Eu e a Norma, espantados com aquele sucesso da imprensa, entrevista, aquele negócio todo, à saída do cinema, nos deparamos com uma fileira de alemães, um verdadeiro corredor polonês. Eu falei: *Norma, vão dar porrada na gente. O que a gente está fazendo aqui, pô?*

Eu vim lá de Cachoeiro do Itapemirim para levar porrada desses homens enormes? Cada homem grandão. Aí, eu a peguei pelo braço e, quando entramos no meio desse corredor polonês, eles começaram a bater palmas para gente e jogar flores na Norma. Foi uma consagração total. Foi a maior emoção que eu senti na minha vida.

No dia seguinte, estavam lá o representante da embaixada brasileira com o diretor da UFA (*Universum Film Aktien Gesellschaft*), um estúdio e distribuidora internacional da Alemanha, muito conhecido na época. O cara queria comprar os direitos de *Os Cafajestes* para o mundo inteiro. Depois de sofrer tudo aquilo, sem dinheiro, sem cigarro, sem comer, sem coisa nenhuma... Na negociação impus uma condição. Disse que o preço estava ótimo, a comissão estava boa, a participação, mas queria 15 mil dólares na mão, em dinheiro, adiantado. O alemão saiu e me trouxe 15 mil dólares em dinheiro vivo. Naquela hora, eu estava me vingando do mundo. Já imaginou a quantidade de dinheiro que isso era em 1962? O contrato foi milionário. Eles distribuíram o filme na Ásia, na Europa, na América do Norte. E me deram 15 mil dólares em notinhas verdes.

Fiquei mais uma semana estourando dinheiro. Dava gorjeta de cem dólares para o garçom. Eu sei que em uma semana gastei os 15 mil dólares, de ódio. O meu ódio era tão grande que contratei uma menina, uma alemã linda, para ser minha tradutora e me acompanhar, cama e mesa, 24 horas por dia. Eu chegava num restaurante, pedia champanhe e tal – o açúcar era servido naqueles tabletezinhos embrulhados, a sobra ela pegava e botava na bolsa. A menina andava bem vestida, elegantérrima e eu perguntava por que ela fazia isso? *Porque eu atravessei a guerra e amanhã pode não ter esse açúcar em casa.* Foi uma semana de loucura, loucura. No dia do meu voo para o Brasil, eu entrei no avião sem um tostão. Gastei tudo e não comprei uma camisa. Mas aí o filme já estava dando dinheiro, já tinha dinheiro da distribuidora... Fiquei rico. Construí estúdio, comprei casa em Cabo Frio, em Búzios. Foi meu deslanche financeiro.

Capítulo XIII

Contos de Alcova

Já disse que, durante quatro décadas, desfrutei da boêmia. Também participei de várias orgias. Não vou citar nomes por uma questão ética, evidentemente. Naquele tempo a gente fazia tudo que tinha direito, mas com categoria. Hoje em dia a gente sai de casa e não sabe se volta. Essa boêmia me marcou muito. E não era no Baixo Leblon, não. Era no Alto Leblon. Eu frequentava a alta sociedade do Rio de Janeiro além do meio artístico. Então, isso facilitava essas farras, essas brincadeiras, essas orgias, essas coisas boas. Mas eu não cito nomes, não. Numa biografia é muita responsabilidade você citar nomes. Pode comprometer as pessoas.

Olha, tem uma história, que eu não estava querendo contar, mas eu vou contar, sem dizer nome. Era uma estrela do cinema brasileiro, muito bonita na época. Uma mulher deslumbrante, mas deslumbrante mesmo. Não é a Norma Bengell. Mas também era uma deusa do cinema brasileiro. Ela vai saber que é ela, mas só ela vai saber, porque eu não vou dizer o nome dela. Pois bem, eu vim a São Paulo para mixar um filme meu na Vera Cruz, que era muito mais bem aparelhada, e uma noite fui jantar no Gigetto (*tradicional restaurante paulistano onde toda a classe artística costumava se encontrar*). Lá estava essa estrelíssima, linda, maravilhosa. Ela me convidou para sentar à mesa com ela. Conversa vai, conversa vem, toma um vinhozinho, aquele negócio todo. Resultado: me levou para a casa dela. Era um apartamento no Bixiga, muito grande, acho que ficava no décimo andar. E ali, rapaz, começou aquele rolo.

Pintou tudo o que tinha que acontecer. No final, lá pelas três e meia, quatro horas da manhã, os dois agarrados, coisa e tal, ela abriu a janela do apartamento – em São Paulo estava fazendo aquele friozinho gostoso – e gritou a todo pulmão: *São Paulooo, eu estou sendo enrabadaaa.* Pô, eu levei um susto. Tem muitas histórias semelhantes a essa na minha vida, que, aos poucos, vou apagando da memória. Eu apago porque não quero mais lembrar, porque são valores de vida anteriores ao meu conhecimento de hoje, entende? Valores de época que hoje são excrescências. Hoje, eu tenho uma maneira de pensar totalmente diferente. Mas a gente não pode negar o passado, né?

Capítulo XIV

Pioneirismo

Eu lancei o Nelson Rodrigues em cinema. Ele era meu cunhado, até então estava casado com a Dulce, né? Na época, o Nelson Rodrigues não era adaptado para o cinema porque o consideravam, assim, avançado demais. No teatro, já causava discussão, imagine no cinema. Ele montou uma peça no Theatro Municipal, *Perdoa-me por me Traíres*, que a metade do teatro vaiava e a outra metade aplaudia. Saiu até tiro na plateia. Aí, eu muito louco com o sucesso de *Os Cafajestes*, disse: *Nelson, quero te comprar os direitos do* Boca de Ouro. Tinha dinheiro sobrando. Eu produzi e contratei o Nelson Pereira dos Santos para dirigir o filme. Eu, o Nelson Pereira dos Santos e o Nelson Rodrigues fizemos o roteiro. Para atuar, convidei a Odete Lara, o Daniel Filho. Só não convidei a Norma Bengell porque ela continuava na Itália. E, em 1962, produzi e atuei em *Boca de Ouro*. Foi um tremendo sucesso também.

Boca de Ouro foi um negócio muito sério. Por ser a primeira adaptação cinematográfica de uma peça do Nelson Rodrigues despertou uma curiosidade muito grande na imprensa. Ninguém entendia que eu pudesse ter a ousadia de fazer

Nelson Rodrigues no cinema. E eu fiz. A história do *Boca de Ouro* é contada em três versões de personagens diferentes. O Boca de Ouro era aquele bicheiro do subúrbio, com os dentes todos de ouro. Eu usava uma prótese feita num protético amigo meu. Era uma prótese bem fininha, banhada a ouro mesmo, que se encaixava por cima dos dentes. Ficava perfeito. Eu tinha que colocar com muito cuidado para não quebrar.

Tem uma passagem bizarra, que aconteceu durante as filmagens. A Odete Lara, que já havia feito outros filmes comigo, muito bonita, participava de uma cena em que nós tínhamos relações sexuais dentro de uma cova de cemitério. Foi a coisa mais horripilante que eu já fiz na minha vida, aquelas bactérias, aqueles micróbios todos ali. A propósito, quando rodei uma cena de uma minissérie de seis capítulos para a HBO, chamada *Filhos do Carnaval*, no primeiro semestre de 2005, eu comentei com o diretor: *Rapaz, eu pensei que não houvesse mais nada no cinema que eu não entendesse, não tivesse feito. Sexo, por exemplo, eu já fiz de todas as formas, até numa cova de cemitério. E agora você conseguiu fazer uma cena de sexo inteiramente nova para mim.* É que o personagem, um bicheiro viúvo, toma Viagra e fica esperando o seu motorista trazer uma mulher de programa. Quando o carro chega, ele desce até a garagem, dispensa o motorista e entra no carro para transar com a mulher. Aí a contrarregra balança o carro para fingir que eles estão fazendo sexo lá dentro. Só que não tem mulher nenhuma. Quer dizer, pela primeira vez fiz uma cena de sexo sem mulher.

Visto, assim, cruamente, parece uma contradição eu agora fazer o papel de um bicheiro. Mas não é pelo seguinte: primeiro, o personagem está aposentado do jogo do bicho. A história toda versa sobre o relacionamento dele com os filhos, inclusive com os filhos ilegítimos que estão ao redor e que ele não quer admitir por um erro do passado. No princípio, quando ele era famoso, era bicheiro mesmo. Mas toda a tragédia acontece em cima da família. Eu não incentivo o jogo do bicho. Meu personagem está centrado no drama de uma família malformada. É até um exemplo para todo mundo.

Mas, voltando ao *Boca de Ouro*, no meio do filme o Nelson Pereira dos Santos recebeu uma proposta da França para fazer não sei o quê lá e eu terminei o filme como diretor. Ele tinha plena confiança em mim, nós tínhamos muita identificação. Então, ele me passou tudo o que ele queria e eu terminei o filme, montei etc.

Capítulo XV

Uma Câmera na Mão, uma Ideia na Cabeça e uma Merda na Tela

Sempre estive na frente. Quando participei de *Rio, 40 Graus*, em 1955, e lancei *Os Cafajestes*, em 1962, foi um avanço na cinematografia brasileira. *Os Cafajestes* deu início ao cinema novo. Era uma época muito feliz para o cinema brasileiro. *O Pagador de Promessas* havia ganhado em Cannes, daí veio *Assalto ao Trem Pagador*, do Roberto Farias, mais tarde *Terra em Transe*, do Glauber Rocha.

O cinema novo cresceu imbuído de uma manifestação política através da arte. Mas era um cinema pretensioso, falso, não tinha nada de brasileiro. Tem até uma frase do Carlos Lacerda, que na época era Governador do Estado do Rio, dizendo o seguinte: *Tá bom, se vocês querem fazer revolução, peguem numa metralhadora, não peguem numa câmera. Câmera é para fazer arte, metralhadora é para fazer revolução.* Eu concordei em termos com o Carlos Lacerda. O cinema novo era muito comunista, muito intelectualoide.

Gente que eu nunca tinha ouvido falar começou a fazer uma série de filmes, alguns muito bons, a maioria ruim. Aquele negócio de uma câmera na mão, uma ideia na cabeça e uma merda na tela existia demais. Então, não querendo participar disso, parti para outro estilo.

Fui buscar histórias policiais e comédias eróticas. Fiz *Paraíba, Vida e Morte de um Bandido*, em 1966; *Mineirinho, Vivo ou Morto*, em 1967. Em 1968 produzi e dirigi *A Noite do meu Bem*, inspirado na vida da Dolores Duran. O filme até que foi bem de bilheteria, mas o Flávio Cavalcanti entrou com um processo contra mim dizendo que a fita não era real. Pelo contrário, o filme enaltecia a Dolores Duran. Eu era fã, sou fã dela. O Flávio Cavalcanti entrou com um processo querendo tirar a fita de cartaz, alegando que eu tinha denegrido a vida da Dolores Duran, que a vida dela com o marido não tinha sido aquilo. Ela teve um casamento muito atritado com um ator da época, que eu esqueci o nome, mas que eu conheci. Foi uma relação muito neurótica e o Flávio Cavalcanti tomou as dores dela e entrou com um processo débil mental. Mas não deu em nada. O juiz arquivou o processo.

Em 1969 produzi, dirigi e atuei em *O Matador Profissional*. Também produzi *Os Raptores* e atuei em *Quelé do Pajeú*. Eu era muito ousado. Além do Nelson Rodrigues, descobri o Plínio Marcos para o cinema. Plínio Marcos estava com aquela peça *Navalha na Carne*, proibida em teatro. Eu me ofereci para comprar os direitos. Ele me vendeu e fizemos uma adaptação para o cinema. Quem dirigiu foi o Braz Chediak. Eu fazia o malandro, o cafetão, a Glauce Rocha fazia a prostituta e o Emiliano Queiroz fazia o homossexual. Foi um sucesso de crítica.

Só que a censura era de uma rigidez incrível, era um negócio troglodita e eu sabia disso. Então, o que eu fiz? Terminei o filme e, em vez de lançar ou promover no Brasil, botei a fita debaixo do braço, peguei um avião e fui para Nova York. Cheguei em Nova York, inscrevi a fita num festival de cinema lá, para críticos, e ganhei o prêmio da crítica. O meu trabalho foi comparado com o de um ator americano, a Glauce Rocha teve o trabalho dela comparado com não sei quem e tal. Aí, com o prêmio na mão, voltei para o Brasil, cheguei na censura e falei: *Ó, tem aqui esta fita, está pronta, premiada nos Estados Unidos, com esses elogios todos da crítica americana, vocês vão proibir ou vão deixar?*

Eles tiveram que deixar. Foi uma estratégia que eu usei e deu certo. Depois, em 1970, eu produzi *Dois Perdidos numa Noite Suja*, também do Plínio Marcos. Paralelamente comecei a fazer comédias urbanas eróticas. Vários temas dos filmes de erotismo que eu produzi foram oriundos da

Em Navalha na Carne, *com Glauce Rocha e Emiliano Queiroz*

Em O Enterro da Cafetina

literatura brasileira, como *Memórias de um Gigoló* e *O Enterro da Cafetina*, ambos baseados em livros do Marcos Rey. Não era pornochanchada, não. A pornochanchada cresceu mais em São Paulo, na Boca do Lixo. No Rio era a comédia erótica. Fiz uma série de histórias policiais, histórias policiais brasileiras. Tudo atuado, produzido e ou dirigido por mim.

Capítulo XVI

Ovos de Ouro

Fiquei casado com a Dulce Rodrigues por 13 anos. Em 1971, no lançamento de *O Enterro da Cafetina*, conheci a Vera Gimenez, que foi minha quarta mulher. O primeiro casamento oficializado, no cartório, na igreja, foi com a Dulce. Antes eu vivi maritalmente. Tenho quatro filhos com as duas primeiras, dois com cada uma. Mas é como se não tivesse. Elas casaram com outros caras, eles assumiram os filhos, registraram nos nomes deles. São apenas filhos biológicos. Eu nem conheço. Quer dizer, conheço de pequenininho. Hoje não conheço mais. Com a Dulce tenho dois filhos, o Alberto Magno e a Stella, como já contei.

Quando conheci a Vera Gimenez cheguei para a Dulce e falei: *Olha, vou embora.* A Vera era uma modelo de São Paulo, tinha tido uma experiência numa novela da (*extinta*) TV Excelsior, um papel pequenininho.

Essencialmente, ela era modelo fotográfico, desfilava. Era casada, casada não, tinha um caso com um cara com quem tinha uma filha.

Essa filha é a Luciana Gimenez, que me trata de paizão. A Luciana é uma guerreira, digna de

Com Luciana Gimenez

elogios. Quando eu conheci a mãe dela, a Luciana estava com nove meses de idade. Aí, casei com a Vera, casei não, nunca cheguei a casar com ela, porque a Dulce ainda estava viva e nós éramos desquitados. Ainda não tinha divórcio. Quando saiu o divórcio e me divorciei da Dulce, na hora de casar com a Vera não casamos porque começaram os desentendimentos. Mas tivemos um filho, o Marco Antonio, que é ator e hoje está na Globo.

Com a Vera, fiquei 14 anos. Quando saí deste quarto casamento, falei que não iria me casar outra vez. Pela primeira vez na minha vida disse isso. Era 1985, estava acontecendo o primeiro Rock in Rio. Eu me lembro perfeitamente pelo seguinte, porque eu saí de casa – nós morávamos na Avenida Atlântica, no Leme, em frente à praia – com a roupa do corpo e um carro. Não tinha quarto em nenhum hotel do Rio de Janeiro, todos estavam lotados por causa do Rock in Rio.

Fui, então, para dentro de uma boate, o Hippopotamus. Fiquei lá, tomando um uisquinho. Era um dia de semana, a boate vazia, tinha lá umas pouquíssimas pessoas e entre essas pessoas a única que estava sozinha era uma velha, uma senhora de uns 60 anos. Estava lá no cantinho dela, tomando o uisquinho dela. Pensei: *Só tem um jeito aqui, eu vou me agarrar com essa velha e vou dormir num motel.* Porque dormir no motel sozinho não entrava na minha cabeça. Aí galanteei a senhora, dançamos, foi a realização da vida dela.

Fomos para o motel, no dia seguinte eu a deixei em casa. A mulher ficou entusiasmada, já queria repetir a dose e eu nunca mais repeti.

No mesmo dia arranjei um quarto que vagou no hotel de um conhecido, em Copacabana. Chamei a minha filha Stella e pedi para ela me arranjar um apartamento urgente, porque eu não tinha saco para procurar. Quando me mudei fiquei conhecendo o que era a vida de solteiro. Famoso, com dinheiro no bolso, nunca tinha gozado a vida de solteiro. Aí, esse apartamento em Ipanema, um triplex pequeno, com uma piscinazinha em cima e tal, todo ajeitadinho, transformou-se num matadouro.

Capítulo XVII

Promessa Quebrada

Passei quase um ano com o compromisso de dormir com uma mulher por dia, com a promessa de nunca mais me casar. Num domingo à tarde, vou numa feijoada e me apresentam uma moça chamada Katia Nunes. Bonitinha, moreninha, cara de gaúcha, mas descendente de nordestinos. Fui dançar com ela, me envolvi e já levei para o apartamento. No dia seguinte, falei: *Pode ir embora.* Ela foi. Só que ela me tocou fundo. Aí, eu telefonei para ela, coisa que não deveria ter feito. Ela voltou, ficou lá uns três, quatro dias e eu disse: *Eu não quero, a minha proposta é não me casar mais.* Ela foi para Nova York e eu fiquei sozinho. A Dulce ficou doente, morreu, minha filha Stella, que morava com o meu neto na casa da Dulce, ficou com medo de ficar lá com o menino e veio para o meu apartamento. Mas antes disso, antes de a Dulce morrer, eu chamei a Stella e pedi para ela ligar para a Katia em Nova York, porque eu não estava segurando a barra.

A Katia ficou mais um tempo em Nova York. A Stella e meu neto vieram morar comigo e aquele apartamento, que era abatedouro, perdeu a razão de ser. Depois, veio a Katia e acabei ficando com ela, que foi minha quinta mulher, mãe do meu filho Jece Filho, que hoje mora comigo. Aí, a Globo alugou meu estúdio em São Cristóvão, no Rio. Em seguida, recebi um convite do jornalista Giba Um, de São Paulo, que queria fazer uma junção de *O Maior Cafajeste do Brasil* com *O Maior Travesti do Brasil*. Uma peça romântica, com Jece Valadão e Roberta Close. Achei boa a ideia. Eu não tinha mais razões para ficar no Rio. Mas eu não gostava de São Paulo, eu detestava São Paulo, aquela idiotice de carioca. Propus que viesse ensaiar durante a semana e que voltasse ao Rio nos fins de semana até a estreia da peça.

Vim embora para São Paulo e fiquei morando com a Katia num hotel na Rua Augusta. Com o tempo, comecei a gostar de São Paulo. Resolvemos ter um filho, nasceu o Jecinho e me casei com ela no cartório. Fiquei com a Katia 11 anos. Meus casamentos foram todos duradouros. Agora, estou casado há nove anos com a Vera Lucia Valadão. É minha sexta mulher. Mas, depois da separação da Katia, em que outra vez saí com a roupa do corpo, recomecei a minha vida de solteiro, trabalhando, trabalhando, trabalhando.

Com Roberta Close

Com Roberta Close

Capítulo XVIII

Não me Toques

Na minha cabeça, São Paulo era a coisa mais insuportável. Todas as vezes que eu vinha para dar uma entrevista na televisão ou fazer alguma coisa ligada ao mundo artístico, eu vinha condicionado a voltar no último voo para o Rio de Janeiro. Se atrasasse qualquer coisa ou perdesse o último avião, em vez de dormir num hotel eu ia para uma boate, enchia a cara, ficava a noite inteira lá ou arranjava uma mulher e ia para um motel até o horário do primeiro avião. Eu achava o paulista chato, a cidade fria, o paulista metido a besta.

Quando aceitei o convite do Giba Um para fazer a peça com a Roberta Close, pedi um salário altíssimo e ele pagou. Com as muitas vindas, comecei a gostar de São Paulo, a conhecer São Paulo, a conviver com os paulistas e a ver o quanto o paulista é mais sincero na amizade do que o carioca. Em São Paulo, as pessoas são mais retraídas, mas depois que você começa a conversar, começa a sentir a pureza do sentimento, a pureza da convivência.

Aí, a peça estreou, eu não voltei mais para o Rio, não saí de São Paulo e espero não sair nunca mais. Virei paulista mesmo. Sou o carioca mais paulista do Brasil.

A peça se chamava *Uma Vez por Semana*, que era o dia da semana em que o empresário casado ia encontrar-se com a amante. A Roberta Close era a amante e eu o empresário. Fez muito sucesso. Só em São Paulo ficou em cartaz um ano. Mesmo assim, o Giba Um quis acabar com a peça. Comprei, então, os direitos dele, dei uma participação para a Roberta Close e viajamos o Brasil inteiro. Nunca ganhei tanto dinheiro.

Mas tem um detalhe que eu preciso contar. Eu nem tocava na Roberta Close. Isso foi uma cláusula de contrato. Até meu camarim ficava de um lado do palco e o dela do outro. Quando nós viajávamos, o quarto dela nos hotéis ficava no mínimo três andares distante do meu. Em cena não tinha beijo, não tinha abraço, nada. Tudo era só na base da palavra. Porque, imagine o perigo. Roberta era muito bonita. Se eu tomasse um uísque ou dois a mais, estaria arriscado a quebrar aquele encanto de nunca ter tido relações sexuais com um travesti.

Nos demos muito bem. Eu respeitei o espaço dela, ela respeitou o meu. Aquela peça era para continuar rendendo dinheiro até hoje. Mas, numa das folgas, a Roberta vai ao Rio. Ela era casada com um dentista, um cara equilibrado, que segurava os seus rompantes. Lá, brigou com o dentista e voltou para fazer a peça com um garotão de praia a tiracolo, 25 anos, forte o bicho, todo cheio de músculos. Só que o cara começou a mostrar as garras. Marido da Roberta Close, dinheiro pintando, sabe como é? E começou a querer conferir os borderôs para ver se eu não estava roubando a Roberta Close. Pensei: *Não vou brigar com esse cara, que ele é muito mais forte do que eu, muito mais jovem do que eu e eu vou apanhar.*

Chamei a Roberta e falei: *Você diz para o teu namorado, para ele ficar na área dele e não aparecer mais no meu escritório, porque quem manda aqui sou eu.* A Roberta ficou assim e tal e, no dia seguinte, me falou que o namorado continuaria a vir. Peguei uma 765 que eu tinha, com 13 balas no cartucho, e falei: *Manda vir que ele vai sair daqui correndo. Se ele quer entrar, leva bala.* Ele não entrou mais.

Isso aí causou o rompimento com a Roberta Close e ela resolveu parar com a peça. Aí, não tinha justificativa nenhuma para continuar, porque o charme era exatamente o cafajeste contracenando com o travesti.

Capítulo XIX

Filmes Marcantes

O filme que mais me marcou? Ah, tem tantos. *Mineirinho, Vivo ou Morto*; *O Matador Profissional*; *Boca de Ouro*; *Navalha na Carne*; sem contar *Os Cafajestes*. Eu fiz muitos filmes importantes na minha carreira. *Mineirinho, Vivo ou Morto* me marcou porque é uma história incrível, uma história comovedora. Mineirinho é aquele bandido que foi forçado a ser bandido pela polícia. Ele não era bandido. Num acidente, para defender uma mulher, ele matou com uma garrafada um bicheiro famoso, depois de apanhar muito dos capangas. Como ele era mineiro e ninguém sabia o nome dele, ficou Mineirinho. A história é verídica. Aí, tudo que acontecia era impingido a ele e ele se transformou num bandido terrível, sem nunca ter matado ninguém a não ser o tal bicheiro. Passou a ser caçado pela polícia, pelos outros bandidos. Na verdade, ele era o Robin Hood do asfalto.

A história também é bonita porque mostra o Rio de Janeiro como pano de fundo. O Rio de Janeiro daquela época era totalmente diferente do de hoje, os morros, os trens, as estações, tudo era diferente. E aquele bandido romântico...

A namorada dele era a Leila Diniz. Como pessoa, a Leila não tinha limites. Foi a primeira mulher grávida que botou um biquíni e foi para a praia. Naquela época, imagine que tumulto!

A Leila Diniz era uma pessoa maravilhosa. Só não foi muito maravilhosa durante o tempo em que foi casada com o Ruy Guerra. Ele virou meu inimigo por causa das discussões durante as filmagens de *Os Cafajestes*. Fazia tudo para me destruir, mas agora somos amigos. Eu já o perdoei. No geral, tive boas relações com diretores. Mas o que eu mais gostei de trabalhar foi o Antônio Calmon, com quem fiz *Eu Matei Lúcio Flávio* e *O Torturador*. É um bom diretor. Hoje, ele é autor de novelas. Gosto dele independentemente da qualidade do Ruy Guerra, do Nelson Pereira dos Santos, do Glauber Rocha, diretores com quem trabalhei e que são muito bons. Mas com o Antônio Calmon foi uma relação mais gostosa, mais entrosada.

Em O Torturador, *com Vera Gimenez*

Em Eu Matei Lúcio Flávio, *com Monique Lafond*

Capítulo XX

Espelho de Todo Homem

Teve um momento da minha carreira em que eu tentei fazer um outro personagem. Foi a pior experiência da minha vida. Produzi um filme chamado *Obsessão*, que eu pedi à Janete Clair para escrever para mim. Foi em 1973. A estrela era Rossana Ghessa, que também atuou em mais três filmes meus. Em *Obsessão*, eu produzi, dirigi e atuei. O meu papel era o de galã. Mas o público não aceitou de jeito nenhum. E eu também não me senti bem. Tenho certeza que fiz bem, tenho consciência que sou um bom ator, mas o público queria ver *aquele* Jece Valadão.

Em todos os meus filmes eu fiz o bandido ou o policial, o que não diferencia muito – apenas um é oficializado e o outro não. Mas eu sempre tomei o cuidado de não fazer o bandido clássico, tradicional. Eu fazia um bandido que nunca perdia a briga, sempre ficava com uma mulher. Talvez por isso as pessoas não me aceitem fazendo o galãzinho, né? Passa o filme inteiro apanhando e no final ele dá um soco e ganha a briga. Eu ganhava todas, quer dizer, eu satisfazia a vaidade, a ânsia de cada homem de cada segmento social. *O Boca de Ouro*, por exemplo, é um contraventor simpático. Ninguém tem coragem de condená-lo, nem é capaz de absolvê-lo. Hoje, eu não posso fazer mais esse tipo de personagem. Na realidade, eram personagens que, de certa forma, incentivavam uma vida totalmente desprendida de moral. Eu difundi o machismo.

Essas bobagens que eu difundia com os personagens, nas entrevistas, incentivavam as pessoas a ser machistas e ninguém tem o direito de ser machista, ninguém tem o direito de achar que a mulher é um ser inferior. A mulher é um ser humano igual a qualquer outro.

Sempre me arrasaram em tudo o que eu fiz. No meu filme mais premiado, *Os Cafajestes*, eu fui arrasado. Agora, eles fazem uma revisão crítica, mas sempre foi assim. Quando fiz *Memórias de um Gigolô*, a imprensa caiu de pau em cima de mim. Passaram-se alguns anos, a Rede Globo comprou os direitos do mesmo livro e botou no ar no horário nobre. Eu sempre cheguei na frente. Quando eu fiz o Nelson Rodrigues foi a mesma coisa. Quando eu fiz *Navalha na Carne* foi a mesma coisa.

Rio, 40 Graus era um avanço incrível na concepção, principalmente na concepção crítica.

Refilmaram *Navalha na Carne* com Vera Fischer. Ficou um negócio falso, alguma coisa sem nexo, sem pé nem cabeça. Também refilmaram *Boca de Ouro* e aconteceu a mesma coisa. Por quê? Porque eles não têm a autenticidade que eu mostrei nos mesmos filmes. Eles querem fazer Nelson Rodrigues coberto de laquê, de seda pura. Nelson Rodrigues tem que ser coberto com pano de prato, com pano de lona, com pano de saco. É a mesma coisa que você querer tomar champanhe numa caneca de barro. Não combina. Por isso que a Leila Diniz foi ícone, o Marlon Brando, o James Dean. Eles impuseram as suas personalidades como se cada um falasse: *Eu sou assim, eu represento essa camada aqui da sociedade.* Você já imaginou fazer um escocês vestido de bombacha? Ou, então, vestir um gaúcho de saia escocesa? Não pode. Isso eu sempre tive em teatro, em cinema e na minha vida privada. Por isso que hoje eu sou um missionário, um pastor conceituadíssimo no meio evangélico.

Capítulo XXI

Glauber Rocha

Idade da Terra, de 1980, foi o único filme que eu fiz com o Glauber Rocha. Apesar de eu ter me afastado do cinema novo, por falta de entrosamento, o Glauber Rocha sempre teve uma admiração muito grande por mim e a admiração era recíproca. Dei várias entrevistas para ele, quando ele fazia aquele programa de televisão (Abertura, *que foi transmitido pela extinta TV Tupi na segunda metade da década de 1970*). Dublei o primeiro filme dele, *Barravento*. Quando ele anunciou que iria fazer *A Idade da Terra*, eu fui o primeiro ator que ele lembrou. Eu me senti muito lisonjeado por trabalhar com o Glauber, porque realmente ele era um gênio, um cara inteligente à beça, muito criativo. Larguei tudo e fui morar em Salvador enquanto filmava. O elenco era muito grande. Tinha o Tarcísio Meira, o Geraldo Del Rey, a Norma Bengell, um elenco da pesada mesmo. Eu fazia o Cristo indígena.

O Glauber Rocha não fazia roteiro. Nós tínhamos uma maneira de trabalhar muito excitante, muito gostosa. Ele chegava para mim e falava coisas assim: *Ô Jece, hoje, quando você for deitar, abra a Bíblia que está lá no teu quarto e leia tal versículo*. Eu nunca tinha lido a Bíblia e ele a conhecia bastante. Quando nós íamos filmar, ele lembrava do versículo e começávamos a improvisar em cima do versículo a cena que ele queria fazer. Eu improvisava diálogos, contracenando com um negão enorme que tinha dois metros de altura. Falava o que tinha de ser falado dentro daquele contexto do versículo. Como diretor, ele corrigia, ia podando as coisas e ficava um trabalho excitante de fazer.

Muito bem, o Glauber se apaixonou por esta maneira de trabalhar comigo. Eu também gostei muito e ele não queria filmar com mais ninguém. A produção colocava no quadro a convocação dos atores, mas quando chegava no dia seguinte de manhã ele dizia: *Não, muda tudo. Leva só o Jece.* Isso criou um mal-estar muito grande. Depois, claro, tudo se acertou. É que ele se sentia altamente excitado em filmar comigo porque estava fazendo um trabalho de criação e estava tendo a minha colaboração como ator.

Foi isso o que aconteceu. Eu me identifiquei com aquela maneira caótica de ele contar uma história nada linear. Como, eu não sei.

Capítulo XXII

Política é o Fim

Em 1982, quando fui candidato a deputado federal pelo PMDB – minha primeira incursão na política – eu fiz uma campanha bonita, limpa. Acontece que naquele ano, quando o Brizola foi eleito pela primeira vez governador do Estado do Rio de Janeiro, houve a primeira eleição apurada por computadores. Foi uma confusão danada. Resultado: no final, eu terminei com 22 mil votos. Mas, como o Miro Teixeira era o candidato a governador pelo PMDB e perdeu para o Brizola, eu fiquei sem chance nenhuma. Durante toda a campanha eu estava entre os quatro primeiros colocados. Até o Juruna, que estava no partido do Brizola, foi eleito naquele ano.

Passaram-se uns seis meses, eu estava numa festa, numa recepção elegantérrima, uma senhora me chamou dizendo que o marido dela queria falar comigo. Ele era desembargador. Fui numa outra sala e ele me disse assim: *Ô Jece, eu chamei você aqui para tirar um peso da minha consciência. Você ganhou as eleições. Mas quem foi eleito com seus votos foi o Aloísio Teixeira.* O Aloísio Teixeira era filho ou é filho de um desembargador e os desembargadores tinham entrada livre na sala das apurações. O que aconteceu? A diferença entre o meu número de candidato e o dele era de apenas um algarismo. Então, na apuração dos mapas, ele passava os meus votos para os do Aloísio. Os mapas com os votos eram primeiro apresentados aos fiscais e só depois é que o resultado ia para o computador. E o Aloísio, que nunca esteve nas pesquisas, foi eleito com os meus votos.

Bem, aí esse desembargador da festa me falou: *Eu estou te contando isso por desencargo de consciência. Mas se você disser isso alguma vez, em algum lugar, eu vou dizer que é mentira, porque eu não quero briga com o meu amigo.* Estou contando aqui, sem citar o nome dele. Só sei que aquilo me doeu à beça, mas foi uma experiência válida ter me candidatado. Nunca mais eu quis nada com a política porque você tem que engolir muito sapo.

Capítulo XXIII

Memória Auditiva

Eu tenho muita facilidade para decorar. Quando me convidaram para fazer a minissérie da HBO, fazia dez anos que eu estava afastado do cinema por razões óbvias, razões de mudança de vida e tal. Qual não foi a minha surpresa? Fui convidado para fazer o protagonista da minissérie e descobri que eu continuo com a mesma facilidade para decorar. Leio uma vez e decoro com uma rapidez incrível. Recentemente fiz uma operação na vista e estou com a visão um pouco prejudicada. Está em recuperação. Então, a minha mulher lê para mim. Com isso, descobri que também tenho memória auditiva. A Vera lia para mim todo o texto, uma, duas, três vezes e eu decorava.

Esta minissérie, como já disse, é baseada na história do bicheiro Castor de Andrade, do Rio de Janeiro. Ele foi muito meu amigo e meu primeiro sócio em filmes como produtor. Foi com ele que eu produzi *Os Cafajestes*, minha primeira produção, como já contei aqui. Por mais incrível que pareça, depois ficamos muito amigos. Frequentei a casa dele por muito tempo. O Castor de Andrade foi um cara muito bacana.

Sou um ator muito intuitivo. Não faço laboratório, pesquisa, nada disso. Quer dizer, eu busco me informar sobre o personagem, sobre a maneira de ele pensar. Quando não é um personagem acessível, é um personagem de ficção, aí eu mesmo crio. Começo a imaginar a vida cotidiana dele. É um cara assim, casado com uma mulher assim, tem tantos filhos, tem neto ou não tem neto, é um cara nervoso, é um cara calmo. Eu começo a construir o personagem na minha cabeça.

Tudo é rápido. Quer dizer, pego sempre alguém como exemplo, um conhecido. Pego os defeitos e as qualidades dessa pessoa e boto no personagem. Misturo um pouco os dados e formo o personagem. Não tenho nenhum ritual, não me apego a nada, não me escravizo a nada. Tem gente que é muito supersticiosa. Eu nunca fui e não tenho nenhuma superstição. Também não tenho nenhum método milagroso. Hoje, é só um pouco diferente. Não faço nada, nada, absolutamente nada, sem estar em contato com esse meu Deus. Então, a diferença é muito grande.

Capítulo XXIV

Televisão

Olha, apesar de achar a televisão o meio mais poderoso de comunicação dos nossos tempos, ela não me entusiasma muito não, viu? Nunca me entusiasmou. A televisão tem um poder incrível de projetar as pessoas com uma rapidez impressionante e tem o mesmo poder de destruir essa pessoa com a mesma rapidez. Cansei de ver, durante esses anos todos, atores, diretores e até técnicos projetados pela televisão, que depois caem no esquecimento, no ostracismo. Tenho visto várias pessoas sofrendo essa dor, a dor do ostracismo. Eu sempre tive muito respeito pela televisão, mas ao mesmo tempo tinha muito medo. Era o medo de me entregar totalmente à televisão e depois me transformar numa peça de uma engrenagem que pode ser substituída a qualquer hora, mesmo já sendo um nome feito no cinema.

Você pode ser a estrela que for, se a televisão quiser te destrói, entendeu? Eu nunca me deixei ser usado pela televisão, eu sempre usei a televisão. Usei a televisão para quê?

Para reforçar a minha posição de ator no teatro, no cinema. Nesse tempo todo eu fui à televisão nos momentos exatos, para estar sempre presente. Porque a televisão é massificante. Então, eu sempre usei a televisão para me projetar. Vou, faço alguma coisinha e tal e saio fora. Fiz pouquíssimas novelas. O que eu tinha prazer em fazer, por exemplo, era ser jurado do programa do Chacrinha, todo sábado. Também gostei de fazer uma novela na TV Tupi do Rio, chamada *Tempo de Viver*. Era um elenco muito bom. Acabei dirigindo a novela, porque o diretor brigou com a produção. Isso foi em 1972, quando a Globo ainda fazia novelas daquela cubana... Gloria Magadan.

Naquele tempo as novelas eram feitas em estúdio. Eu fui dirigir *Tempo de Viver* e, pela primeira vez, botei uma câmera na rua de verdade. Antes, as ruas eram desenhadas em painéis, com profundidade, porque não tinha como aquele equipamento pesado ir para as externas. Eu me lembro de ter ousado na direção da novela porque botei dentro de um carro aquelas câmeras RCA, enormes, que precisavam de dois homens para carregar. Fiz cenas de dentro do carro. Hoje, eles fazem *camera car* que é uma sopa. Eu mesmo fui dirigindo o carro com aquela câmera enorme dentro. Eu me lembro que, certa vez, botei aquela câmera num edifício em construção. Sabe aqueles elevadores de fora do edifício para levar material? Pois eu botei uma câmera ali, dentro daquele elevador e fiz uma grua improvisada.

Quer dizer, eu levei a câmera para a rua quando a Globo não mexia nesse negócio. A Globo fazia tudo em interiores, tudo era cenário. Isso aí provocou uma remodelação. Na televisão, esse foi um trabalho que eu gostei muito de fazer. Um outro trabalho na televisão, que eu gostei também, foi aquela novela da Globo, *O Dono do Mundo* (*N. A. um de seus pouquíssimos papéis como bom caráter*), com o Antonio Fagundes. Ah, e a minissérie *Anos Dourados*, também na Globo. Eu tenho pouca lembrança de televisão. Lembro de algumas participações, coisas assim, que a gente não conta muito. Novela mesmo, eu fiz poucas, porque o meu tempo era mais dedicado ao cinema. E, quando comecei a produzir, aí não tinha mais tempo para mais nada.

Um de seus últimos trabalhos em TV, a novela Bang-Bang, *da Rede Globo*

Capítulo XXV

Mea-Culpa

Quando decidi ficar em São Paulo, eu e a Katia programamos ter um filho e nasceu a raspa do tacho, o Jece Filho, que vive comigo. Ele é uma alegria na minha vida, é um cara que está na faculdade de Direito... Depois que eu me converti, eu me separei da Katia. Houve uma série de desencontros e o Jece Filho resolveu vir morar comigo. A Katia foi embora lá para o Ceará, depois foi para o Rio Grande do Sul, está por aí, não sei por onde. Mas o Jecinho ficou comigo. É um cara estudioso, um cara bacana. Eu procuro dar a ele todo o amor que eu não dei aos meus outros filhos. Porque eu fui um pai muito ausente dos outros filhos. Estava inteiramente ligado e dirigido à minha profissão, à minha carreira. Eu tentava compensar a minha ausência com presentes, bens materiais, como escola boa, roupa, essas coisas que o pai começa a dar para justificar a sua ausência. Com o Jecinho está acontecendo o contrário. Pela minha própria idade, pelas circunstâncias atuais, por tudo, eu estou tentando compensar a falta de bens materiais com a presença de amor, presença física e tal. Espero que dê certo, porque com os outros não deu muito certo não. Fui muito ausente com os meus filhos.

Com Jece Filho, 2003

Eu tenho uma relação boa com eles porque eles são bons, não por merecimento meu. O Marco Antonio, que é meu filho com a Vera Gimenez, o Alberto Magno e a Stella, que são filhos meus com a Dulce Rodrigues, irmã do Nelson Rodrigues, eu tenho bons relacionamentos pela bondade deles. Eu quero fazer com o Jecinho exatamente o contrário, ou seja, manter um bom relacionamento com ele pelo meu merecimento como pai, para ver se eu consigo viver ou conviver com aquele sentido real de pai presente.

Minha relação com a Vera Lucia é totalmente diferenciada, porque tem implicações mais sérias, a minha conversão para a igreja evangélica e uma série de pontos de vista, de valores de vida mudados. Eu a conheci na igreja. Quando eu me converti ela já era da igreja. Ela tem um filho de 28 anos, o Marcelo Miguel, e uma filha, a Juliana Pereira Miguel, de 18 anos, mesma idade do Jecinho. Quer dizer, os dois estão sendo criados juntos, como irmãos.

Com Marco Antonio (filho) e João Paulo (neto), 1987

Com Marco Antonio, Jece Filho e Alberto Magno (filho)

Capítulo XXVI

Dinheiro na Mão é Vendaval

Depois que terminou a temporada da peça *Uma Vez por Semana*, houve o rompimento com a Roberta Close e eu fiquei em São Paulo, montei uma empresa chamada Ticket Cultural em associação com o Diners Club. Era uma ideia minha, na qual todo associado do cartão usava da minha empresa para ter descontos no teatro, no cinema, numa série de coisas. Eu representava todo o meio artístico de São Paulo junto ao público do Diners Club. Tudo era financiado pelo Diners Club. Éramos quatro sócios. Montamos um escritório muito bonito e estávamos indo de vento em popa.

Aí, montamos um negócio de viagens também, que era assim: na hora em que o cara fosse para o aeroporto, a gente mandava um carro para pegá-lo e levá-lo. Tudo debitado no cartão. Com isso, o negócio cresceu assustadoramente. Eu sempre tive capacidade de ganhar muito dinheiro. É impressionante, nunca me sobrava nada, mas eu ganhava muito dinheiro. E aí, quando a coisa estava no auge, o que acontece? Troca a direção do Diners Club em São Paulo e entra uma japonesinha que cresceu o olho e na hora de renovar o contrato falou: *Vamos renovar sim, mas eu quero aumentar mais isso, mais aquilo, tal, tal, tal.*

Nós investimos violentamente na promessa da renovação do contrato ampliado e, na hora, ela puxou o tapete e tivemos que desmanchar a sociedade. Eu fiquei sozinho naquele escritório, assumi a responsabilidade de tudo. Depois, fechei com o Bradesco, já que o Diners saiu, houve essa traição dessa japonesinha. Eu nem sei o nome dessa mulher e nem quero saber. Faço questão de esquecer da minha vida. Aí, fechei com o cartão do Bradesco, saí da sede bem montada, pois o custo era muito alto, e fui para o centro da cidade. Já era um negócio bem resumido, só teatro.

Paralelamente, também no centro de São Paulo, montei um estúdio de gravação e lancei um programa semanal na (*extinta*) Rede Manchete, chamado *São Paulo on Line*. Mostrava a noite paulistana, as preferências culinárias, os lugares onde se podia ir. Era meia hora por semana. Tinha o patrocínio da Prefeitura de São Paulo. Na época, o prefeito era o Paulo Maluf.

Esse programa me dava um salário mensal de 35 mil não sei o quê, cruzeiros, cruzados, sei lá. Só sei que o programa custava, digamos, 50 mil. Com 15 mil eu fazia a produção e pagava o tempo da Manchete. Sobravam 35 mil para mim todo mês; lucro, né?

Capítulo XXVII

O Começo da Grande Virada

Em 1995, eu estava no auge, no auge mesmo, fazendo dois filmes, *Tieta do Agreste* e a refilmagem de *O Cangaceiro*. Mas tem uma coisa que eu não falei. Durante toda a minha vida – fui casado cinco vezes, agora é a sexta –, cada casamento para mim era como se fosse o primeiro, por causa das implicações que existiam em torno dele. Só que nos meus casamentos anteriores eu nunca deixei de ter uma casa com uma amante e uma *garçonnière* para atender às demandas. Em 1995, eu cortei tudo isso depois da minha conversão. A Katia, que era minha mulher nessa época, se converteu comigo, mas ela não aguentou o rojão e se mandou. Foi quando meu filho Jece ficou comigo. Aí, eu cortei tudo. Hoje, sou incapaz de pular a cerca.

Como eu dizia, eu estava bem de vida, não tinha nada do que reclamar, morava numa bela casa no bairro dos Jardins, em São Paulo, tudo, tudo maravilhoso, quando aconteceu o negócio da conversão, independentemente da minha vontade. Porque eu não queria não. Nunca passou pela minha cabeça mudar de vida.

Eu sou um cara – hoje estou com 75 anos de idade – que até os 65 nunca tinha ido ao médico, nunca tinha ficado num hospital, nunca tinha tomado remédio. Se ia ao médico uma vez por ano era para fazer um *check-up*, que é uma coisa civilizada. Então, a vida me dava todas as regalias.

Eu não queria mais que isso. E nunca imaginei que um dia eu pudesse abraçar a ideia de sair pregando a palavra de Deus por esse mundo afora. Depois, eu descobri que a vontade nunca é nossa. A vontade é de Deus. Nós não decidimos nada, em nenhum momento. O homem é um total dependente desse Deus, dessa força, chame do que quiser. Só que eu não acreditava nessa força. Eu era ateu por convicção intelectual, materialista até a medula, machista por conveniência.

Tão machista que, quando eu e a Darlene Glória estávamos fazendo o filme *O Matador Profissional*, aconteceu uma história até engraçada, se não fosse séria. No meio das filmagens ela se converteu.

Naquela euforia da conversão, ela que sempre gostou muito de mim, tentou me converter e um dia falou com aquele entusiasmo:

– *Ô Jece, eu quero te apresentar esse Jesus, você vai ver como esse Jesus é maravilhoso, é um Jesus que salva, é um Jesus que cura, é um Jesus que pode, que é Deus.*

– *Mas que Jesus o quê, Darlene, eu quero é você,* disse, puxando ela para mim.

– *Sai, Satanás, sai,* disse ela, me empurrando.

Resultado, alguns anos depois eu fui me encontrar com ela em Miami – fui lá a convite de uma igreja pregar a palavra de Deus – e ela ficou feliz da vida porque eu tinha me convertido.

Capítulo XXVIII

Deus ao Telefone

O que me levou a encontrar Deus foi um telefonema da Vera Gimenez. Nós tínhamos uma relação muito neurótica. Ela é uma mulher de muita personalidade, é uma guerreira realmente, chocava com a minha personalidade. Nós vivíamos aos trancos e barrancos. Nem sei como é que nós conseguimos conviver durante tanto tempo, até hoje eu não entendo. A gente ia para uma festa de carnaval, por exemplo, ela subia numa cadeira, e, se visse uma mulher mexendo comigo, já queria descer e quebrar a garrafa de uísque na cabeça da mulher, essas loucuras. Então, mesmo depois da separação, eu não aguentava mais ouvir nem a voz da Vera Gimenez. Ela me telefonava todo mês, todo quinto dia útil para cobrar a pensão alimentícia do Marco Antonio. Na minha cabeça não entrava que eu ainda tivesse que pagar pensão porque ela estava casada com um médico e o cara assumiu lá o negócio.

Todo mês era aquela coisa. Ela ligava e eu desligava, ligava e eu desligava.

No final, acabava falando da pensão, mas sempre aos berros, aos palavrões, briga mesmo. Chegou o mês de junho de 1995. Dia 7, às 9h30 da manhã, toca o telefone, é a Vera Gimenez. Eu peguei o telefone: *Alô*, disse, num berro. Ela não berrou do lado de lá. Porque ela berrava sempre, me mandava à merda, essas coisas. Pois bem, naquele junho de 1995, ela falou assim do outro lado da linha:

– *Oi, tudo bem, querido?*

– *Ué, quem está falando?*

– *É a Vera Gimenez.*

– *É a Vera? O que é isso, você está doente, Vera?*

– *Doente por quê?*

– *Porque você não deu o berro.*

– *Não, eu não estou doente não. Olha, Jece, eu sou outra pessoa, eu mudei depois que, na semana passada, fui num jantar da Adhonep.*

A Adhonep (*Associação de Homens de Negócio do Evangelho Pleno*) é uma associação que foi criada nos Estados Unidos e se espalhou pelo mundo inteiro. Hoje, está em 160 países, no Brasil, inclusive. É um tipo de um braço da igreja. Quer dizer, é um negócio que não está ligado a nenhuma igreja específica.

Aceita espírita, católico, tudo, para um jantar. Nesse jantar se fala da associação, tem um cara que vai lá dar um testemunho, mas é muito, muito suave, muito doce. Você começa a fazer a cabeça das pessoas de uma maneira muito bonita, muito gostosa, ditando o amor, distribuindo o amor, dizendo da importância da troca de amor, da troca de gentileza, da troca de carinho entre os seres humanos e tal. E o cara acaba entrando noutra, né? Muito bem, aí a Vera no telefone disse:

– *Lá na Adhonep ouvi o testemunho de uma mulher, uma senhora chamada Tia Laurinha. Jece, que mulher maravilhosa, a mulher fala com o Espírito Santo.*

– *Fala com o Espírito Santo, Vera? Que Espírito Santo? Também fala com São Paulo, com Santa Catarina, com o Maranhão?*

– *Não, não, ela fala com o Espírito Santo de Deus. Liga para ela, Jece.*

– *Tá bom, Vera, eu vou ligar.*

– *Olha, a pensão, se você não puder pagar agora...*

– *Não, eu posso, sim. Estou mandando.*

Aí, ela desligou. Antes, me deu o telefone dessa Tia Laurinha e eu anotei em qualquer lugar para me ver livre da Vera. Depois, eu olhei pro número, pensei e, não sei por que cargas d'água, fechei a porta da minha sala para a secretária não ouvir e liguei para Tia Laurinha. Liguei, o telefone tocou, tocou, ninguém atendeu. Pensei: *Ah, a Vera está louca mesmo.* Voltei a trabalhar e dali uma hora e pouco a Vera liga novamente.

– *Ligou, falou com a Tia...?*

– *Não, não falei, Vera, o telefone não existe, o telefone toca, toca, ninguém atende.*

– *Ah, então, eu acho que ela viajou. Ela viaja muito. Mas eu vou te dar outro telefone de um cara que estava comigo na mesa do jantar. Falou muito bem de você, te conhece muito.*

– *Quem é?*

– *É um pastor.*

– *Pastor? É mentira dele, eu não conheço pastor nenhum, o que é isso, pô? Eu sou ateu, eu não acredito em Jesus Cristo, pô.*

– *Não, não, esse pastor é o pastor Elieser. É aqui da Assembleia de Deus do Realengo. Ele disse que* uma vez estava fazendo um culto lá em Realengo (bairro carioca) e você um comício ao lado, quando você era candidato a deputado federal. Ele falou que o teu som estava atrapalhando o culto dele, pediu para você abaixar e ele disse que você abaixou.

– É mentira dele, Vera. Eu lá vou abaixar o som de um alto-falante de um comício, que custa uma grana, por causa do culto dessa gente. Você já viu essa gente como é que é? É tudo louco, pó. Fica falando 'aleluia, aleluia' e mistura tudo, oração, choro, riso, tudo ao mesmo tempo. É tudo louco.

– Ah, mas liga para ele.

Acabei ligando para o pastor no Rio de Janeiro e ele falou assim:

– Ô Jece, eu acompanho a sua vida desde que você começou, qual é o problema que você está passando?

– Eu não estou passando por problema nenhum não, pastor, a minha vida está ótima, maravilhosa, está tudo em cima, eu tenho tudo o que eu quero.

– Não, você que pensa que não tem problema, meu filho.

– *Ih, já começou a atazanar a minha vida logo no início da conversa, pastor!*

– *Não, não, eu acompanho a sua vida. Deixe eu orar por você?*

– *Tá bom, pastor, eu já liguei, já estou pagando interurbano mesmo, manda brasa.*

Ele começou a orar, mas eu não estava ouvindo nada. Não acreditava em oração, não queria ouvir aquela lengalenga. E como estava demorando demais, comecei a dar ordens com gestos para minha secretária. De repente, sem querer comecei a ouvir as palavras daquele homem. Aquelas palavras começaram a entrar em mim, começaram a me penetrar, começaram a atingir todas as fibras da minha estrutura, começaram a atingir todas as minhas convicções de vida e eu me toquei que estava ouvindo uma oração pela primeira vez. Já era Deus querendo falar comigo. Nunca ninguém tinha orado por mim, a não ser em Cardoso Moreira, que é aquela história que eu falei lá no início e que depois eu vou contar.

Capítulo XXIX

Equação Divina

Bem, quando percebi que era uma oração, levei um susto e comecei a chorar. As lágrimas desciam aos borbotões. Eu não entendi mais nada, porque na minha cabeça homem não chorava. Eu era ateu, machista, macho. Nunca tive facilidade para chorar. Eu achava que homem que era homem, não chorava. Pois chora sim, rapaz. O impacto é tão grande quando Deus manifesta a sua vontade, que não importa o macho que você é. Você cai de joelhos mesmo, porque quando Deus manifesta a sua vontade, ele faz uma jumenta falar, ele transforma pedra em filhos de Abraão, ele faz qualquer negócio porque o poder dele é incomensurável, é transcendental. E eu chorando, sem entender o porquê e sem possibilidades mínimas de parar de chorar.

Quando ele terminou a oração, desliguei o telefone e senti uma paz, mas uma paz interior tão grande que fiquei, assim, abobalhado. Não sabia o que estava acontecendo comigo. Foi como uma cacetada na cabeça.

De repente, eu me toquei que aquela paz que eu estava conhecendo é buscada por qualquer homem, incessantemente, ainda que inconscientemente. Qualquer homem ou qualquer mulher busca esta paz a vida inteira e não sabe por que. Esta paz é o encontro do homem com Jesus, quer dizer, é a salvação, é a conversão.

Mas eu não queria, eu não queria esse negócio de jeito nenhum. E aí eu comecei a criar uma história na minha cabeça para contar às pessoas. Pensei que tudo aquilo que tinha acontecido era obra do acaso, que podia ser explicado cientificamente. Jesus viu que eu não tinha me tocado, que a minha cabeça continuava racional, metida a inteligente, a intelectual. Meu coração continuava endurecido e empedernido. Então, ele simplesmente resolveu me dar uma dose dupla e naquele momento eu senti uma mão abrindo uma janela, que esteve sempre na minha frente, mas eu nunca quis ver. Foi aberta uma janela enorme. Quando olhei através dela, eu vislumbrei um negócio, uma paisagem linda, linda, um azul-celeste encontrando com a água cristalina, uma música suave envolvendo toda aquela paisagem e pensei: *Eu estou louco, eu fiquei louco.* Fiquei louco porque eu via aquela paisagem na parede do meu escritório. Pensei que aquilo só poderia estar na minha cabeça.

E quando estou falando para mim, *estou louco, isso é loucura, isso é loucura,* ouço uma vozinha suave, assim, no meu ouvido: *E se for Jesus, meu filho? E se for Jesus?* Eu parei e comecei a me questionar: *Jesus? Eu não acredito nesse Jesus, eu não creio nesse Jesus.* Para mim, Jesus era um extraterrestre que um dia pegou uma nave, desceu lá no Oriente Médio e foi considerado por aquele povo um Deus, pelas suas mágicas, pelo seu poder, pela sua cultura muito maior. E fiquei naquela.

Mas a força era tão grande, quer dizer, o toque foi tão grande em mim que alguma força, uma força invisível começou a me empurrar para o telefone. Comecei a ligar para vários amigos meus que já falavam de Jesus para mim, que já conheciam Jesus, e o primeiro que eu liguei foi para um amigo meu chamado Márcio Santos, que na época era diretor do Bradesco.

– Ô Márcio, está me acontecendo uma coisa inusitada, que eu não estou entendendo. Falei com uma ex-mulher minha por telefone, depois ela me apresentou por telefone um pastor, eu falei com ele, o pastor orou por mim. Ô Márcio, como é que você fala com esse Jesus? Você pode falar com ele através de uma paisagem, assim, assim, assim?

– É claro que pode, Jece. Se esse homem de Deus orou por você, Jesus tocou seu coração, e Jesus é Deus, Deus fala com os seus filhos da maneira

como ele bem entender, através do riso de uma criança, do choro de um velho. Jesus é Deus. Aleluia, meu filho.

Olha, eu fiquei sem a menor condição de continuar trabalhando naquele 7 de junho de 1995. E era um dia que eu tinha muito trabalho. Mesmo assim, peguei meu carro e fui embora para casa. Quando cheguei em casa, às 2h30 da tarde mais ou menos, uma força me levou até uma bíblia que eu tinha lá. Aquelas bíblias católicas grandes, que tem um Santo na capa, tem o Papa, tem uma série de coisas, mas a palavra é a mesma. Eu nunca tinha aberto uma Bíblia na minha vida, nem tido a coragem de abrir uma Bíblia, porque eu não acreditava na *Bíblia*, eu achava que a *Bíblia* era o livro dos tolos.

Toda minha vida fui ateu. Pois naquele dia é como se alguém tivesse me pego assim na marra, me levado e me feito abrir a Bíblia. Quando abri a Bíblia aleatoriamente, comecei a ler e a entender tudo o que eu estava lendo. E comecei a gostar de tudo. Acho que comecei pelo livro de Salmos. Só sei que, naquele dia, li a *Bíblia* durante seis horas sem parar. Resultado: não dormi naquela noite. Passei uma noite tumultuadíssima. Não saí para a rua, fui até o jardim da minha casa, começou a serenar, estava frio, o sereno caindo na cabeça e eu pensando em tudo o que tinha acontecido comigo naquele dia. Voltei, peguei a *Bíblia*, continuei lendo, estudando, amanheceu o dia, tomei um banho e fui embora para o trabalho.

Quando eu salto do carro na porta do meu escritório, que eu olho para o outro lado da rua, quem é que vem atravessando? Aquele meu amigo, o Márcio Santos, do Bradesco, que não tinha nada que estar ali. O escritório dele era do outro lado da cidade. Ele falou comigo que tinha ido num advogado lá e que quando desceu me viu e atravessou a rua para falar comigo. Esse meu amigo Márcio Santos é um cara que já conhecia a *Bíblia*, que já conhecia Jesus e vivia me convidando para ir aos estudos bíblicos na casa do (*engenheiro*) Caio Posela e da Raquel, em Alphaville, nos arredores de São Paulo. Nunca dizia não. Ele era diretor do Bradesco, eu tinha interesses financeiros, então não dizia não. Mas não ia. Naquele dia, rapaz, dia 8 de junho, ele falou assim:

– *Ô Jece, hoje tem reunião lá na casa do Caio Posela, um estudo bíblico, vamos?*

– *Vamos. Hoje quem quer ir sou eu.*

Capítulo XXX

Revelação Bíblica

Pela minha vontade, hoje eu não seria um crente, não seria um evangélico. Mas é a vontade Dele. Então, quando você é escolhido por Ele para fazer a obra, simplesmente você não pode continuar na sua vida anterior. Isso serve para o jornalista, para o cineasta, para o empresário, para o operário, não importa. Você aceita Jesus, segue as regras de Deus para ser salvo para a eternidade – que chamam de vida eterna – e pronto! São poucos os escolhidos para a obra. Por acaso, eu tive o privilégio de ser escolhido para fazer a obra. Então, eu não discuto. Ele escolheu na hora Dele, no tempo Dele. Nesses casos, você tem mais é que baixar a cabeça e seguir.

Até agora, eu não sei explicar o que aconteceu. E aí está o grande mistério de Deus. Vou contar aqui, resumidamente, a história de Paulo de Tarso. Paulo de Tarso era um poderoso, que vivia na época de Jesus. Foi um homem do Sinédrio, um oficial com todos os poderes, que não acreditava em Jesus. Ele, como judeu, achava que Jesus era apenas um profeta. Muito bem, quando Jesus morreu, começou o poder cristão. Vários adeptos foram chegando e o cristianismo foi crescendo muito. De certa forma, isto ameaçava os dois poderes de então que eram o poder religioso de Israel e o poder bélico e social de Roma.

Essas duas forças se uniram e contrataram Paulo de Tarso – um guerreiro, um intelectual, que tinha comando – para dizimar os cristãos do mundo daquela época. E ele saiu feito um louco, prendendo, batendo, abonando mortes, etc. Até que ele teve o encontro com Jesus, o mesmo encontro que eu tive. Por quê? Porque ele já estava previamente escolhido para exercer o papel de autor quase solitário de todo o Novo Testamento, entendeu? Um cara que mudou totalmente as concepções das leis divinas e tal. Foi um homem importante na divulgação da palavra de Deus.

É sobre essa figura que eu vou fazer meu próximo filme, que irá se chamar *O Dia do Juízo Final*. O Paulo de Tarso foi o apóstolo abortivo, como ele se chamava. Ele foi contemporâneo de Jesus, mas não o conheceu. A revelação se deu numa aparição, quando ele e seus soldados rumavam a caminho de Damasco para dissipar um grupo de cristãos que estava pregando a palavra de Deus. Na estrada, uma luz muito forte bateu na cara dele e o derrubou do cavalo. Ele ficou momentaneamente cego. Mas quando olhou para cima viu a imagem de Jesus, que lhe disse aquela frase célebre: *Saulo, Saulo, por que me persegues?*

A partir dali, quando ele viu e ouviu Jesus, o impacto foi tão grande que ele largou o Sinédrio, largou tudo e passou a crer em Jesus, porque era uma coisa presente, uma coisa atuante, indiscutível. Aí, ele passou a ser perseguido pelos dois poderes, o de Israel e o de Roma. Começou a ser perseguido pelos fariseus. Venceu a tudo isso e pregou a palavra de Deus, divulgou a palavra de Deus, o Evangelho naquele mundo onde ele habitava. Foi a partir dele que a palavra de Deus surgiu com força, fortaleceu a posição cristã. O que aconteceu comigo no dia 7 de junho de 1995, guardadas as devidas proporções, foi o mesmo toque recebido por Paulo de Tarso na estrada para Damasco. A oração do pastor correspondeu exatamente à imagem impactante que o Paulo teve.

Capítulo XXXI

Ventríloquo de Jesus

Não fiz escola de teologia, não estudei nada, eu não sei nada. Sou analfabeto de pai e mãe, um porta-voz da palavra de Deus com o cargo de pastor. No livro S. João I, capítulo I, versículo 20, diz assim: *E vós tendes a unção do Santo e sabeis tudo*. É um dos versículos mais resumidos da *Bíblia*. Isso quer dizer o seguinte: Se você não se julga sabedor das coisas, apenas você se entrega como um canal, como um instrumento da palavra Dele, você não precisa saber nada, Ele é que tem que saber, porque a obra é Dele. Você apenas empresta a sua voz e a sua boca. A sua missão é saber reproduzir tudo aquilo que Ele quer que você diga. Então, eu não me interessei muito por teologia, mesmo porque a teologia chega num ponto que começa a se conflitar. Interessa seguir as palavras de um, e esse um chama-se Jesus, Jesus Cristo.

É impressionante, mas a minissérie da HBO veio no momento exato. O dinheiro que eu ganhei me possibilitou ficar parado e totalmente entregue à produção do meu filme, *O Dia do Juízo Final*, aquele sobre Paulo de Tarso.

Foi uma porta que abriu para eu poder abrir uma outra. Eu não tinha que ser convidado para essa minissérie. Havia muitos atores na minha frente. Mas eles cismaram que fosse eu. Depois eu fui saber. É porque eu tinha que fazer o filme. Hoje, eu não tenho mais renda nenhuma. Sou um cara que abriu mão de tudo do mundo. A última coisa que eu entreguei foi o meu estúdio no Rio. Vendi e comprei um carro e uma casa em Juquitiba. Não tenho mais nada do mundo. Tudo o que eu ganhei no mundo, deixei lá.

Aí, vem essa missão, que esse Deus me passou, de produzir esse filme sobre Paulo de Tarso, que é uma história difícil, é uma história que tem que ser muito benfeita. Tenho certeza que vai ser o meu maior trabalho de todos os tempos. Tenho certeza absoluta do impacto que esse filme vai causar no mundo inteiro. É uma história ditada, toda ela, da primeira à última palavra, pelo Espírito Santo de Deus. Não tenho mérito nenhum. Escrevi a história à mão porque eu não sei mexer em computador e não tenho mais máquina de escrever. Fiquei três dias escrevendo a história à mão. Depois, mandei o meu filho digitar. A história é linda, maravilhosa, passada há 2.000 anos e transcrita para os dias de hoje.

Fiz o argumento, o roteiro e vou dirigir. Tenho a fita e o esquema de lançamento todo na cabeça.

Tudo dado por Deus. Como eu poderia fazer esse filme e, ao mesmo tempo, sustentar a minha família? Eu tenho dois filhos adolescentes, a minha mulher, a minha casa, não tenho renda nenhuma, não tenho aposentadoria, não tenho nada. Uma porta se abriu, trabalhei durante três meses fazendo a minissérie, ganhei um dinheiro e agora estou captando recursos para este filme que vai me dar tudo de volta, exatamente como Ele fez com Jó. Disso, eu não tenho a menor dúvida. De maneira que estou tranquilo, não tem problema nenhum.

Capítulo XXXII

Missão

Em Cachoeiro de Itapemirim, uma das nossas casas ficava no Morro Santo Antônio, onde tinha uma igreja católica, Igreja de Santo Antônio, cujo padre chamava-se Jesus. Fui coroinha dele. Já contei isso aqui. Certo dia, era uma Sexta-Feira Santa, o padre Jesus me chamou e falou: *Vem cá, meu filho, eu vou te apresentar o teu Deus.* Eu me lembro como se fosse hoje. Aí, ele me pegou pela mão e me levou até o altar da igreja. Naquela época, não sei se continua do mesmo jeito, na Semana Santa as igrejas cobriam todos os santos, as imagens, com um pano preto, marrom, roxo, sei lá. Aí, o padre puxou um pano e disse: *Esse aqui é o teu Deus.*

Eu olhei para aquele homem lá, crucificado, com cara de vencido, sangrando... Engraçado, na minha inocência infantil eu não aceitei aquilo que o padre estava me apresentando como meu Deus. Na minha concepção de criança, o meu Deus era uma coisa inatingível. Eu não sabia como era, mas também não era aquilo, um Deus preso, dominado, sofrido.

Eu não aceitei muito aquilo, não. Resultado: foi o bastante para o diabo me pegar a partir dali.

O diabo simplesmente me pegou e começou a me encher de ideias e eu me transformei num dos maiores ateus do Brasil.

Muito tempo depois, já com 65 anos de idade, quando eu me vi caído, ali no chão da casa do Caio Posela, ouvi Deus falar assim: *Olha, meu filho, eu não sou aquele Deus que te apresentaram quando criança não.* Falou assim, textualmente. *Eu desci daquela cruz, venci o mundo, venci o inferno, ressuscitei no terceiro dia e sou esse Deus aqui, presente, atuante.* E se mostrou um Deus tão poderoso, tão amoroso, um Deus tão maravilhoso, que extraiu água da pedra para saciar a sede do seu povo, que foi capaz de abrir os mares para que seu povo pudesse atravessar sem molhar os pés, que aquilo tudo passou na minha frente como se fosse um filme rápido.

Esse Deus foi capaz de conduzir o seu povo durante 40 anos pelo deserto, sem maculá-lo absolutamente em nada, sem sequer deixar que as suas vestes se envelhecessem. É o mesmo Deus que abriu o Rio Jordão para Josué atravessar e destruir Jericó. É o Deus que recuou o tempo, única e exclusivamente, para prestigiar um profeta chamado Isaias. É o Deus que equilibra o mundo na palma da mão, esse mundo que é um mistério, esse mundo que é uma bolha d'água com fogo por dentro, solto no espaço. É o Deus que controla os ventos que até hoje a ciência não sabe de onde vêm, nem para onde vão. É o Deus que controla os mares – desde que o mundo é mundo, todos os rios deságuam as suas águas nos mares e os mares não deságuam em lugar nenhum e não transbordam nunca. É o Deus que pode tudo. Então, Ele me disse: *A única coisa que eu não posso é entrar no seu coração se você não permitir, porque você tem o livre-arbítrio que eu lhe dei.*

E eu que me julgava o meu próprio Deus, o dono da minha vida, o senhor absoluto de cada minuto da minha vida, que me julgava um vencedor imbatível sob todos os aspectos, depois dessa demonstração, numa fração de segundo, vi que eu era um zero à esquerda, que eu era pó diante Dele. Quando me levantei, estava convencido da existência de Deus, convencido de que tudo que eu pensei até então estava errado. Eu não tinha nenhuma razão para mudar de vida, mas a partir daquela demonstração de poder, até por uma questão de sensibilidade, não tive outra alternativa senão dobrar o joelho, botar a cara no pó e reconhecer aquele Deus.

Quer dizer, qualquer outro homem, que não tivesse a missão que Ele já tinha reservado para mim, ouviria isso, ficaria satisfeito e seria salvo. Teria um comportamento de vida condizente com as leis de Deus. Só que, além de tudo isso, eu ganhei a missão de levar a palavra Dele. E essa palavra foi agora extremada com a missão de fazer esse filme, entende? Esse filme é o máximo que eu tenho que fazer dentro da minha obrigação. Muito bem, depois daquilo tudo, falei comigo mesmo: '*Tá aí, com esse Deus eu fecho*'. Era esse o Deus que eu buscava, era esse o Deus que eu procurava.

Capítulo XXXIII

Xô, Satanás

Há dez anos eu prego por esse mundo afora, todo dia, todo dia. Mas não tenha a menor dúvida, todo santo dia acontecem coisas na minha vida, coisas dignas de ser contadas em qualquer testemunho. É a comprovação, é o Espírito Santo querendo provar para mim a presença Dele, a assistência Dele. Ele não me deixa pisar na bola, Ele não me deixa fazer bobagem.

O Espírito Santo já me levou para Israel e fez coisas impressionantes. Ninguém pode negar que existem o mal e o bem. Se o mal se chama diabo e se o bem se chama Deus é uma questão de nomenclatura. Mas é fato que existem o mal e o bem dentro de cada um de nós. E essa guerra é permanente, é ininterrupta. O mal acha que vai ganhar, mas quem vai ganhar é o bem. Já está previsto, está escrito. Então, a pessoa tem de optar em seguir o mal ou o bem. Até os 65 anos eu segui o mal. Claro, não fui assassino, nem ladrão, mas participava de todo o esquema da maldade no mundo, fazendo personagens que incentivavam as pessoas a ser assim ou assado.

Naquela época, eu negociava com alguém, mas na verdade queria passar a perna nele, queria transar com a mulher do cara, que era bonita, mesmo tendo a minha mulher. Entrava numa boate e começava a paquerar mulheres acompanhadas, usando da minha fama de ator. E sempre ganhava a mulher. Tudo isso eram valores, hoje é excrescência.

Hoje, se eu tomar um litro de uísque é excrescência. Estou atingindo o meu interior, maculando meu corpo, que é a morada do nosso espírito. O Espírito Santo mora dentro do nosso corpo. Então, botar álcool, nicotina, pó, maconha, degradação, depravação para dentro desta casa é fazer com que o Espírito Santo não se sinta bem e se afaste. É aí que você começa a se ferrar e acaba na sarjeta. Mas as pessoas não entendem isso. A partir do momento em que você entende isso, você começa a ser protegido por esse Espírito Santo, você começa a ser guiado por ele.

Capítulo XXXIV

Linha Divisória

Minha viagem a Israel foi um negócio engraçado na minha vida. Antes de me converter, eu viajei muito pelo mundo, pela Europa, pelos Estados Unidos, por muitos lugares mesmo. Eu passeava muito. Duas vezes por ano eu viajava e tal, mas eu nunca tinha tido a curiosidade de conhecer Israel. Por quê? Porque Israel não me dizia nada. Eu era ateu, não acreditava em Jesus, não acreditava em Deus, portanto, ir a Israel para conhecer Jerusalém sem crer no significado de Jerusalém não tinha razão de ser. Então, eu passava sempre por cima. Já tinha ido ao Egito, à Grécia, tal, mas não a Israel. Bom, logo que eu me converti, uns três ou quatro meses depois, aconteceu uma coisa impressionante. Comecei a receber uma pressão, uma pressão psicológica para conhecer Israel. Algo dentro de mim falava: '*Eu tenho que ir a Israel, eu tenho que ir a Israel, eu tenho que conhecer Israel*'.

Sem saber o porquê, seis meses depois de convertido, eu não aguentei. Procurei pessoas que estivessem formando um grupo para ir a Israel. Não tinha ninguém. Então, eu mesmo resolvi formar um grupo. Reuni uns amigos da igreja e fomos, tal era a pressão psicológica, espiritual, sei lá o que eu sentia. Antes, fomos à Grécia conhecer os lugares onde Paulo de Tarso esteve. Eu estava lendo o Novo Testamento. Nos livros dos apóstolos se fala muito de Paulo de Tarso. Então, fomos conhecer aqueles lugares. De lá, voamos para o Egito. Eu já conhecia a noite do Egito, a noite da Grécia, mas daquela vez havia uma linha divisória incrível entre o mundo e as coisas de Deus. No Egito, fui conhecer o local onde Jesus, José e Maria ficaram escondidos de Herodes. Depois, conheci tudo relacionado ao faraó, aquele negócio todo.

O Egito é um negócio impressionante. É um lugar onde até hoje a gente sente a maldição no ar. Os homens andam de mãos dadas na rua, aquela multidão se espremendo. Entramos numa rua que foi estreitando, estreitando tanto que eu comecei a me sentir mal. Tudo tem um cheiro ruim, forte, sei lá de quê. Eu sei que você sente a maldição no ar. É impressionante. Enfim, fomos ao Egito para conhecer todos os lugares que tivessem qualquer coisa ligada à religião, à *Bíblia*. Pegamos um ônibus com ar refrigerado e atravessamos todo o deserto. Levamos 12 horas para atravessar o deserto, um deserto marrom, cinzento, tétrico. Aqueles nômades morando no cemitério à beira da estrada. Eles moram dentro das catacumbas. É cruciante o deserto, um calor...

Atravessamos o Mar Vermelho pela ponte, logicamente, e chegamos na fronteira do Egito com Israel. A fronteira é no meio do deserto. Tem uma faixa de segurança de uns 50 metros mais ou menos. Tivemos que saltar do ônibus, levar nossas malas até o outro lado e pegar outro ônibus. O curioso é que vínhamos por um deserto árido, marrom, calorento. Do lado de Israel é o mesmo deserto, mas a partir da fronteira ele já não é mais marrom. É verde, um verde gostoso, bonito, a água é cristalina, o ar é puro. Muda tudo, é o mesmo deserto, mas muda tudo. Estávamos entrando na Terra Prometida por Deus.

Em Israel

Capítulo XXXV

Maldição Cega

Chegando em Israel, fiz questão de ir a todos os lugares onde Jesus esteve, todos, todos. Ficamos hospedados num hotel cinco estrelas, de noite a gente ia jantar, tal. Era uma delícia, fazíamos nossos cultos. Durante o dia a gente saía de manhã cedo para visitar todos os lugares que tínhamos programado. Tive a oportunidade de conhecer o túmulo de Lázaro, o túmulo de Jesus no Jardim de Arimatéia, o Mar da Galileia, passear num barco que era uma réplica do barco de Pedro. Fomos ao Jardim das Oliveiras. Em tudo quanto é lugar eu sentia um toque, uma presença do Espírito Santo incrível. Eu chorava, porque estava vivenciando justamente tudo aquilo que eu estava lendo na *Bíblia*, naquele momento.

Terminado o passeio, voltamos ao Brasil. Nessa viagem, eu praticamente gastei tudo o que me restava. Nunca pensei no futuro. Até hoje, o dinheiro vai e vem da mesma maneira. Sempre tive facilidade para ganhar muito dinheiro, mas também sempre tive muita facilidade para gastar. Agora, mais do que nunca, é a minha mulher que administra as coisas.

Recebo o dinheiro, entrego a ela, e não quero nem saber. Dinheiro é um negócio terrível.

Certo dia, na oração da madrugada, perguntei ao Espírito Santo:

– *Por que essa pressa de conhecer Israel? Eu poderia ter conhecido mais tarde, ir num grupo organizado, gastaria muito menos.* Ele me disse uma coisa incrível:

– *Isso aí, meu filho, foi um aprendizado. Você quer ver? O que você sentiu quando chegou no Egito?*

– *Eu senti uma pressão muito grande, uma maldição permanente no ar.*

– *Pois é, o egípcio que mora lá não sente isso. Então, o Egito representa para você, em termos físicos, o mundo em que nós vivemos, que é um mundo cheio de maldades. Para sobreviver, as pessoas matam umas às outras, passam por cima das outras, não respeitam nada, não respeitam ninguém, não respeitam nem a mãe, nem coisa nenhuma. E quanto mais você tem, mais quer. Esse é o Egito. Para você, o Egito representa o mundo. Então, meu filho, eu te fiz conhecer o Egito para você saber como você estava no mundo. Antes, você era um egípcio participando da vida, do dia a dia do mundo. Mas não sentia o que fazia. Agora, você está sentindo o que o mundo é.*

– Quando eu saí do Egito, senti como se tirasse um peso das minhas costas.

– Pois é, o mesmo aconteceu quando você se converteu. Jesus entrou no seu coração.

Aí, eu entendi. Quando estamos participando desse mundo, não o sentimos daquele jeito. O mundo é absolutamente normal para o homem do mundo. Ele não sabe que está passando por cima dos outros para satisfazer a vaidade dele. O egípcio vive lá, não sente aquela maldição, porque a maldição vem desde a escravatura do povo de Deus. O Egito escravizou o povo de Deus durante muitos anos. Deus teve que usar recursos sobrenaturais para tirar seu povo de lá. Essa maldição permanece até hoje por lá e eles não sentem isso. Não sentem por quê? Porque eles fazem parte do Egito, eles fazem parte daquele todo. Com o homem do mundo é a mesma coisa. Ele pertence a um caos e não sente a menor diferença. Mas, quando o homem se converte e se afasta do mundo, começa a ver o mundo como ele é cruel, cheio de dores e tragédias. Por isso vi o Egito assim.

Capítulo XXXVI

Mansões Celestiais

Não vi de perto a reação dos meus colegas, quando me converti. Fiquei oito anos sem ter contato com ninguém do meio artístico, por ordem do Espírito Santo. Dentro da igreja houve um espanto muito grande e uma satisfação grande. A igreja evangélica evoluiu muito. Até poucos anos atrás não aceitava artista, nem desportista, nem empresário. Eles se fechavam muito em copas, entendeu? Tudo por orientação mundana, por orientação de pastores mal-avisados, mal-informados. Eles achavam que artista, desportista, empresário eram homens comprometidos com o mundo, com o diabo. O que era um erro muito grande. Por isso que a religião evangélica até hoje ainda é considerada por muitos uma religião de pobre, de analfabeto, de ignorante. E não é nada disso. Tem muita gente boa praticando o Evangelho.

A igreja abriu suas portas, forçada por Deus, porque senão não se levaria avante a Sua obra. A obra de Deus qual é? É levar o Evangelho a todos os homens do mundo inteiro. Quando todos souberem vai haver o arrebatamento.

O arrebatamento o que é? É a subida. Não, é o fim do mundo, entendeu? O arrebatamento é a volta de Jesus, que vem para buscar aqueles que estão salvos para subir com Ele para a vida eterna, para morar naquelas mansões celestiais prometidas na palavra de Deus.

Capítulo XXXVII

À Sua Imagem e Semelhança

Eu não tenho uma dúvida sobre a palavra de Deus. Duvidei a vida inteira, agora não, porque ele me provou por A + B que Ele é Deus, que Ele é o dono, que nada acontece sem a ordem Dele. Um fio de cabelo não se mexe na cabeça sem que seja aprovado por Ele. Não cai de uma árvore uma folha sem que Ele tome conhecimento. Dentro da sociedade, tudo é harmônico. Se alguém mata uma pessoa, o que acontece? Esse alguém quebra a harmonia do homem na sociedade e irá enfrentar as leis para puni-lo. Em alguns países é enforcado, executado, vai para a prisão perpétua. Deus é muito maior do que o Universo, porque Ele criou o Universo. Agora, me pergunte quem é Deus? Eu não sei. Mas eu não posso deixar de crer, porque eu vejo o pôr do sol todos os dias, vejo a chuva que cai para deixar a terra fértil, vejo a semente nascer na terra para nossa alimentação. A vida é assim, pô. Não se foge disso.

A minha visão de paraíso é a vida eterna, é aquilo que Deus tentou dar ao homem desde a criação à Sua imagem e semelhança.

Quando se fala assim: *Deus criou o homem à Sua imagem e semelhança*, pessoas menos avisadas, mal-informadas, perguntam: *Deus é negro? É mulato? É branco? É vermelho? É mulher? É homem? É alto? É baixo?* Não tem nada disso. A imagem e semelhança do homem com Deus estão no espírito. O homem de Deus é feito de corpo, alma, espírito. Ou seja, matéria, energia e luz. Chegou a hora da passagem? Chegou a hora do término da matéria? A matéria volta para a matéria. A alma é energia, é energia que está no mundo, que está na vida, que está no leão, no boi, em tudo. É a alma que provoca todas as reações, todas as visões, todos os sentidos, todas as falas. O boi muge, o galo canta, o passarinho trina, o cavalo relincha. Cada um emite um som, mas todos têm olfato, audição, visão, paladar, como o homem.

O homem do mundo não tem nada a ver com o homem de Deus. O homem do mundo é consequência da evolução da espécie. O homem de Deus é o homem criado por Ele há seis mil anos, quando Deus assoprou nas narinas de Adão o espírito e a centelha divina. Esta centelha é que dá ao homem toda a inteligência e a capacidade de raciocinar.

Bem diferente do homem do mundo que tem um cérebro evolutivo. Muitos pastores, muitas religiões, não aceitam isso como definitivo. Mas eu aceito.

Na travessia do Mar Vermelho, quando Moisés estava levando seu povo para longe do Egito, Deus deixou que as águas tragassem toda a tropa do faraó. Você pode perguntar: *Se todos são filhos de Deus, por que Ele matou uns em detrimento de outros?* Obviamente que nem todos são filhos de Deus. Outra coisa que a *Bíblia* diz claramente: Moisés atravessou o deserto com 600 mil homens, sem contar as crianças, as mulheres e os estrangeiros. O que eram os estrangeiros? Eram pessoas do mundo, não descendentes de Adão, descendentes do filho de Deus. Então, Deus criou o homem junto com os outros animais há 150 milhões de anos, 200 milhões de anos, não importa, o que a ciência provar vai provar. Esse homem vem evoluindo, o mundo vem evoluindo. Existe uma escala evolutiva dos homens do mundo e uma escala evolutiva dos homens filhos de Deus. É uma teoria polêmica demais, eu sei. Nunca falei disso publicamente. Agora estou falando.

Capítulo XXXVIII
Meu Corpo é a Morada do Espírito

Na igreja, falo claramente da minha vida pregressa. Não escondo nada. E não me envergonho de nada do que fiz, porque tudo o que eu fiz foi para acumular conhecimentos e potencialidades para hoje poder dizer o que eu digo. Por mais que se faça o bem ou o mal no mundo, tudo isso é tão pequeno – porque nós somos muito pequenos diante de Deus –, que é transcendental, entendeu? Por isso muita gente não entende e fala: *Como é que aquele cara matou dez, matou vinte, estuprou não sei quantas e agora virou cristão e Deus perdoou?* Deus perdoa, porque tudo o que o homem fez de mal não representa nada na relação com Ele. E tudo o que o homem fez de bem também não representa nada, se ele não aceitar Jesus para ser salvo. Você pode montar dez asilos, 50 orfanatos, sustentar várias crianças de rua, dar comida a todo mundo, se você não aceitar Jesus como Senhor e Salvador, se você não abrir o seu coração, se você não obedecer a lei de Deus, você não é salvo. Na igreja, digo que fui assim, assim, assim, mas digo que conheci a verdade, a verdade que liberta. Eu conheci Jesus, falei com Ele. Ele me orientou e estou absolutamente convencido de que estava errado. Agora, eu sirvo a esse Deus.

Voltar a fazer cinema não entra em choque com as normas da igreja de jeito nenhum. Estou convertido há dez anos. A minissérie para a HBO, eu fiz para quê? Para ganhar o dinheiro necessário para poder parar, momentaneamente, de pregar a palavra de Deus e fazer o filme sobre Paulo de Tarso, que é a minha missão. Então, tudo tem uma razão de ser, nada acontece gratuitamente.

Eu jamais faria os tipos de filmes que eu fiz antes por uma questão de consciência, não por proibição. Eu jamais voltaria a beber uísque. Não porque eu sou proibido de beber, mas por uma convicção que eu não posso macular o meu corpo, porque o meu corpo é a morada do espírito. Só isso, não existe mistério nenhum. Quando você entende a Lei de Deus, é assim. Quanto mais você se dá, mais Ele te usa. Quanto mais você abre o coração, mais Ele se apossa do seu coração. Mas Ele não força você a nada. Você tem o livre-arbítrio. Ele só te orienta de várias maneiras.

O fato de eu não ter mais encontrado pessoas do meio artístico é por temperamento. Nunca mantive, assim, muita amizade. Tinha um ou dois amigos, no máximo, que, aliás, é o que todo mundo tem. Todo mundo pensa que tem muitos amigos, mas não tem. Amigos mesmo, a gente conta nos dedos e sobra dedo que não acaba mais. Amizade é um negócio muito sério. Não me lembro quem eram essas pessoas. Não existe isso de amigo. Existem interesses? Você pendura o pernil na porta da sua casa, você está assim de amigo que vai lá almoçar. Tira o pernil, some todo mundo. Você está bem de vida, tem vários amigos. Cai no poço, desaparece todo mundo. O ser humano é assim. É intrinsecamente assim. Não quer se comprometer com você, não quer ter nenhum compromisso com você. Quer é usufruir alguma coisa de você, até dando alguma coisa em troca, mas ele quer trocar, entendeu? No momento em que você não pode dar a recíproca, ele desaparece.

Não tenho nenhuma mágoa. Eu entendo o homem. Tudo é uma questão de equilíbrio. Não posso ter raiva, por exemplo, do leão que come um cordeiro. O leão come o cordeiro para equilíbrio ecológico. Eu não posso ter raiva do leão. Assim como não posso ter raiva do homem que joga um anzol e pesca um peixe para comer. Eu posso condenar o homem por comer a vaca, porque ela foi feita para dar o leite e só. Por comer a galinha que foi feita para dar o ovo, que tem vitamina. Por isso é que advém uma série de distorções na própria saúde. Eu não sou vegetariano. Parei de comer carne vermelha. Quer dizer, como de vez em quando, muito pouco. Ainda sou um sujeito de vícios acumulados durante 75 anos, que não posso me livrar totalmente. Mas da bebida me livrei totalmente, do cigarro me livrei totalmente, das drogas *idem*. Uísque e cigarro são drogas, né? Quando eu digo droga, digo tudo. Jamais vou praticar atos libidinosos novamente.

Capítulo XXXIX

Drogas e Dinheiro

Já disse aqui que nunca experimentei maconha, cocaína. Mas vi amigos meus que consumiam. No Rio de Janeiro, tinha uma amiga que dava uma festa a cada 15 dias no apartamento dela, na Vieira Souto, um apartamento luxuosíssimo. Ela é da sociedade, rica. Tinha uma pedra de mármore preto no banheiro dela, enorme, mármore de Carrara. Os empregados faziam aquelas fileiras grossas de cocaína em cima do mármore para os convidados. Eu era o único que não cheirava, e ela não entendia por quê. Nunca senti vontade de cheirar. Fiz um filme ensinando como fumar maconha, que foi *Os Cafajestes*, sem fumar maconha. A gente tirava o fumo do cigarro, cigarro Hollywood, ensinava a enrolar com o pente, tudo isso. Depois, fingia que estava fumando maconha. Nunca dei uma tragada na maconha.

E nunca mais vou fazer um filme que mostre isso. Não quero mais nem pegar em dinheiro. Sou um homem que não pega em dinheiro. Raramente saio sozinho, eu sempre saio com minha mulher.

Quando tenho que sair sozinho é ela quem bota dinheiro no meu bolso, caso precise tomar uma

Coca-Cola ou pegar um táxi. Mas, em geral, eu não ponho a mão em dinheiro. Eu vou numa igreja, por exemplo, pregar a palavra de Deus e o pastor dá uma oferta para ajudar, é a minha mulher que recebe. Tenho um CD, uma fita de vídeo e um DVD contando meu testemunho de vida. Se algum deles é vendido lá para os caras, vendido com a intenção de evangelizar, eu não pego no dinheiro. Dinheiro é a coisa mais corrosiva do mundo. E ninguém me obrigou a fazer isso.

Capítulo XL

Glória Eterna

Não tenho medo da morte. Pelo contrário, torço para que ela chegue imediatamente. Porque, quando se está salvo, tenho plena convicção de que a morte não é nada mais, nada menos, do que a salvação de todo esse martírio aqui do mundo. Para mim, a morte é ir para a glória. Jamais me mataria. Você tem que partir numa boa. Só chora a morte os que ficam. O cara que morre e não está salvo, vai para a terra. É digno de choro, porque vira terra, vira pó. Mas o que morre sabendo que está salvo, vai para a vida eterna. Esse, sim, é motivo de glória e de alegria para todos aqueles que o amam.

Cronologia

TV

2006
• **Sob Nova Direção** (seriado)
Episódio: *Tem Pai que É Cego* – Autoria: Paulo Cursino – Personagem: Herculano – Rede Globo

• **Cidadão Brasileiro** (novela)
Autoria: Lauro César Muniz – Elenco: Lucélia Santos; Gabriel Braga Nunes; Paloma Duarte; Cleide Yáconis – Personagem: Abelardo Pinto – Rede Record

• **Filhos do Carnaval** (minissérie)
Autoria: Cao Hamburger e Elena Soarez – Elenco: Felipe Camargo; Enrique Diaz; Mariana Lima; Maria Manoela – Personagem: Anésio Gebara, dono de uma escola de samba e banqueiro do jogo do bicho – HBO

2005
• **A Diarista** (seriado)
Episódio: *O Diaristo*
Autoria: Lícia Manzo; Duba Elia; Guilherme Vasconcelos; Claudia Jouvin – redação final de Aloísio de Abreu – Personagem: Juparanã – Rede Globo

Com Dulce Rodrigues

• ***Bang-Bang*** (novela)
Autoria: Mario Prata – Elenco: Fernanda Lima; Bruno Garcia; Carol Castro; Guilherme Fontes; Ney Latorraca; Marisa Orth; Joana Fomm – Personagem: Joe Wayne (participação especial) – Rede Globo

1996
• ***A Vida como Ela É*** (especial exibido no *Fantástico*) Episódio: Casal de Três
Autoria: adaptação de uma crônica de Nelson Rodrigues por Euclydes Marinho, com colaboração de Denise Bandeira e Carlos Gregório – Elenco: Marcos Palmeira; Malu Mader; Guilherme Fontes – Personagem: Magarão – Rede Globo

1995
• ***São Paulo on Line*** (programa de variedades apresentado pelo ator) – Rede Manchete

1994
• ***Memorial de Maria Moura*** (minissérie)
Autoria: Jorge Furtado e Carlos Gerbase, baseados em romance de Rachel de Queiroz – Elenco: Glória Pires; Marcos Palmeira; Zezé Polessa; Ernani Moraes; Joel Barcellos; Kadu Moliterno; Cristiana Oliveira – Personagem: o capataz da fazenda – Rede Globo

• ***Programa de Auditório*** (especial de humor)
Autoria: Pedro Cardoso – Elenco: Pedro Cardoso;

Como o Falcão Negro, TV Tupi

Luiz Fernando Guimarães; Regina Casé; Débora Bloch; Betty Faria – Personagem: Jece – Rede Globo

1993
• *Contos de Verão* (minissérie)
Autoria: Domingos de Oliveira – Elenco: Reginaldo Faria; Maitê Proença; Nuno Leal Maia; Bia Seidl; Antonio Calloni; Deborah Secco – Personagem: Godofredo – TV Globo

1991
• *O Dono do Mundo* (novela)
Autoria: Gilberto Braga, escrita com Leonor Bassères; Sérgio Marques; Ângela Carneiro e Ricardo Linhares – Elenco: Antonio Fagundes; Malu Mader; Glória Pires; Fernanda Montenegro; Nathalia Timberg; Stênio Garcia – Personagem: Tabajara – Rede Globo

• *O Fantasma da Ópera* (minissérie)
Autoria: Paulo Afonso de Lima e Jael Coaracy, baseados em romance de Gaston Leroux – Elenco: Cláudio Marzo; Carolina Ferraz; Tarcísio Filho; Rosamaria Murtinho; Sérgio Britto; Maria Helena Dias – Personagem: João Noronha – Rede Manchete

1990
• *Bastidores* (programa sobre cinema brasileiro apresentado pelo ator) – Rede Bandeirantes

No programa Aqui e Agora

1988

• *Olho por Olho* (novela)
Autoria: José Louzeiro e Geraldo Carneiro, baseados em argumento de Wilson Aguiar Filho – Elenco: Flávio Galvão; Mario Gomes; Caíque Ferreira; Geórgia Gomide; Beth Goulart; Renée de Vielmond – Personagem: Mazano – Rede Manchete

1986

• *Anos Dourados* (minissérie)
Autoria: Gilberto Braga – Elenco: Malu Mader; Felipe Camargo; Isabela Garcia; Taumaturgo Ferreira; Betty Faria; Yara Amaral – Personagem: Gracindo – Rede Globo

1984

• *Transas e Caretas* (novela)
Autoria: Lauro César Muniz, colaboração Daniel Mas – Elenco: Eva Wilma; Reginaldo Faria; José Wilker; Paulo Betti; Lídia Brondi; Renata Sorrah; Aracy Balabanian – Personagem: Marcos – Rede Globo

1972

• *Tempo de Viver* (novela) – diretor e ator
Autoria: Péricles Leal – Elenco: Isabel Ribeiro; Rubens de Falco; Myriam Pérsia; Otávio Augusto; Reginaldo Faria – TV Tupi, RJ

1964

• *O Desconhecido* (novela)

Autoria: Nelson Rodrigues – Elenco: Nathalia Timberg; Carlos Alberto; Joana Fomm; Vera Vianna – Produzida pela TV Rio e também exibida pela TV Record

1960

• *Morte no Mar* (novela não diária)

Autoria: Péricles Leal – Elenco: Gilda Nery – TV Tupi, RJ

1959

• *Trágica Mentira* (novela não diária)

Autoria: Ilza Silveira – Elenco: Yoná Magalhães; Herval Rossano; Theresa Amayo; Alberto Perez – TV Tupi, RJ

Teatro

2006
• *Paixão de Cristo* – espetáculo só com atores evangélicos – Autoria e direção: Athiel – Elenco: Darlene Glória; Suzane Carvalho; Sônia Lima – Personagem: Caifás

1986/1987
• *Uma Vez por Semana*
Autoria: Muriel Resnik – Direção: Gugu Olimech – Elenco: Roberta Close; Monique Lafond; Kate Hansen; Paulo Wolff – Personagem: empresário que tem um caso amoroso com a secretária

1964
• *Os Inimigos não Mandam Flores* (diretor/ator)
Autoria: Pedro Bloch – Elenco: Dulce Rodrigues – Personagem: marido corrupto, que tenta enganar a mulher de todas as maneiras

1963
• *Soraia, Posto 2*
Autoria: Pedro Bloch – Direção: Leo Jusi – Elenco: Léa Garcia; Clementino Kelé; Glauce Rocha; Gracinda Freire – Personagem: Marciano

1961
• *Procura-se uma Rosa* – 1º Episódio – Autoria: Pedro Bloch – Personagem: Milton – 2º Episódio

Em Os Sete Gatinhos, *com Sandra Menezes*

– Autoria: Vinicius de Moraes – Personagem: Comissário – 3º Episódio – Autoria: Gláucio Gill – Personagem: Lino – Direção: Leo Jusi – Elenco: Norma Bengell; Dirce Migliaccio; Araci Cardoso

1960
• *Pedro Mico*
Autoria: Antonio Callado – Direção: Aurimar Rocha – Elenco: Teresa Austregésilo – Personagem: Pedro Mico, malandro que conhece uma moça de Copacabana e a leva para a favela

• *A Lógica de Mister Ego* (autor, diretor e ator)
Elenco: Conchita de Moraes; Rodolfo Arena; Anilsa Leoni; Vicente Marchelli – Personagem: Mister Ego, médium que tem contato com o mundo extrassensorial

1959
• *O Camisa Preta* (autor, diretor e ator)
Personagem: Camisa Preta, malandro da Lapa, homossexual valente, terror da noite carioca

1958
• *O Fazedor de Chuvas*
Autoria: Richard Nash – Elenco: Dulce Rodrigues – Personagem: um prestidigitador que faz chover

• *Os Sete Gatinhos*
Autoria: Nelson Rodrigues – Direção: Willy Keller – Elenco: Yolanda Cardoso; Sandra Menezes;

Em O Fazedor de Chuvas, *com Dulce Rodrigues*

Edison Silva; Sandoval Mota; Maria Amélia; Eugênio Carlos – Personagem: Seu Noronha, pai que prostitui as filhas

1957
• *A Mulher sem Pecado*
Autoria: Nelson Rodrigues – Direção: Rodolfo Mayer – Elenco: Dulce Rodrigues; Roberto Duval; Teresa Rivera; Anael Herrena; Geny Borges – Personagem: Umberto, motorista particular que conquista a patroa porque o marido se fazia de paralítico para testar a fidelidade dela

• *Viúva, Porém Honesta*
Autoria: Nelson Rodrigues – Direção: Willy Keller – Elenco: Dulce Rodrigues; Rodolfo Arena; Grijó Sobrinho; Raimundo Furtado; Norma de Andrade; Heitor Dias; André Luiz – Personagem: Diabo da Fonseca, o próprio demônio

Cinema

2006
• *5 Frações de Uma Quase História*
(póstumo, lançado em 2008)
Direção: Armando Mendz; Cristiano Abud; Cris Azzi; Guilherme Fiúza; Lucas Gontijo e Thales Bahia
Episódio: A Liberdade de Akim
Elenco: Leonardo Medeiros; Gero Camilo; Cynthia Falabella; Nivaldo Pedrosa; Cláudio Jaborandy; Luiz Arthur; Murilo Grossi
Personagem: Abel Fortunato, um juiz corrupto que comete um crime perfeito (último papel completo)

• *Encarnação do Demônio*
(póstumo, lançado em 2008)
Direção: José Mojica Marins
Elenco: José Mojica Marins; Adriano Stuart; Milhem Cortaz; Rui Rezende; Helena Ignez; José Celso Martinez Corrêa
Personagem: Coronel Claudiomiro Pontes, um policial militar barra-pesada

2003
• *Garrincha, Estrela Solitária*
Direção: Milton Alencar Jr. – Elenco: André Gonçalves; Taís Araújo; Marília Pêra; Henrique Pires; Alexandre Schumacher – Personagem: participação especial como apresentador do *Cassio Muniz Show*

Com Tereza Sodré

2001
• *O Evangelho Segundo Jece Valadão*
Direção: Joel Pizzini – Documentário sobre a sua vida de convertido ao Evangelho

1995
• *O Cangaceiro* – lançado em 1996
Direção: Anibal Massaini Neto – Elenco: Paulo Gorgulho; Alexandre Paternost; Luiza Tomé; Ingra Liberato; Othon Bastos; Dominguinhos – Personagem: Joca Leitão, capitão da milícia que sai à caça de Lampião e seu bando

• *Tieta do Agreste* – lançado em 1996
Direção: Cacá Diegues – Elenco: Sonia Braga; Marília Pêra; Chico Anysio; Claudia Abreu; Zezé Motta – Personagem: Dario, capitão náufrago, que se apaixona por um lugarejo chamado Mangue Seco e transforma-se num defensor do meio ambiente

1984
• *Águia na Cabeça*
Direção: Paulo Thiago – Elenco: Nuno Leal Maia; Jofre Soares; Hugo Carvana; Tereza Rachel; Christiane Torloni – Personagem: Canedo, um bicheiro inspirado em Castor de Andrade

1981
• *Viagem ao Céu da Boca*
(produtor – seu único filme de sexo explícito)
Direção: Roberto Mauro – Elenco: Bianca; Eduardo Black; Leovegildo Cordeiro

Com Jorge Dória e David Cardoso

1980

• *A Idade da Terra*
Direção: Glauber Rocha – Elenco: Maurício do Valle; Antonio Pitanga; Norma Bengell; Tarcísio Meira; Geraldo Del Rey; Ana Maria Magalhães – Personagem: Cristo indígena, louco, que cada dia representava uma faceta das ideias propostas pelo diretor

• *Um Menino... Uma Mulher* (produtor)
Direção: Roberto Mauro – Elenco: Valentim Anderson; Leovegildo Cordeiro; Monique Lafond; Elimar Santos

• *O Torturador* (produtor e ator)
Direção: Antônio Calmon – Elenco: Otávio Augusto; Vera Gimenez; John Herbert; Ary Fontoura; Paulo Villaça – Personagem: Capitão Jonas, revolucionário de um país fictício da América Latina

• *Fruto do Amor* (produtor) – lançado em 1981
Direção: Milton Alencar Júnior – Elenco: Gerusa Amaral; Otávio Augusto; Maria Lúcia Dahl; Paulo César Peréio; Wilson Grey

• *A Serpente*
(produtor e ator) – lançado tardiamente em 1992
Direção: Alberto Magno – Elenco: Marco Nanini, Zezé Motta, Monique Lafond; Ary Fontoura – Personagem: Décio, personificação de um canalha que transa com a cunhada

Com John Herbert

1979
• *Eu Matei Lúcio Flávio* (produtor e ator)
Direção: Antônio Calmon – Elenco: Paulo Ramos;
Anselmo Vasconcelos; Vera Gimenez; Monique
Lafond – Personagem: Mariel Mariscott, policial
pertencente ao grupo Esquadrão da Morte

1978
• *O Escolhido de Iemanjá* (produtor)
Direção: Jorge Duran – Elenco: Nuno Leal Maia; Ruy
Rezende; Anselmo Vasconcelos; Henriqueta Brieba

• *A Deusa Negra* (produtor) – lançado em 1979
Direção: Ola Balogun – Elenco: Sonia Santos;
Zózimo Bulbul; Léa Garcia; Roberto Pirillo

• *O Gigante da América* – lançado em 1980
Direção: Julio Bressane – Elenco: José Lewgoy;
Wilson Grey; Paulo Villaça; Marta Anderson;
Clovis Bornay – Personagem: o próprio Gigante,
um anti-herói

1977
• *Os Amores da Pantera* (produtor e diretor)
Elenco: Vera Gimenez; José Augusto Branco;
Wilson Grey

• *Quem Matou Pacífico?*
Direção: Renato Santos Pereira – Elenco: Rodolfo Arena; Kátia D'Angelo; Ruth de Souza –
Personagem: Roberto, um piloto vindo da cidade
grande para o interior em busca de paz

Cena de Obsessão

1976
• *Ninguém Segura estas Mulheres*
3º Episódio, Pastéis para uma Mulata (diretor)
Elenco: Aizita Nascimento; Tony Ramos; Wilson Grey

• *Ninguém Segura estas Mulheres*
4º Episódio, O Furo (ator)
Direção: José Miziara – Elenco: Sérgio Hingst; Nádia Lippi; Zilda Mayo – Personagem: Lúcio, segurança de uma empresa que casa com uma mulher da vida e a mata

• *Tem Folga na Direção* (produtor)
Direção: Victor Lima – Elenco: Zé Trindade; Alcione Mazzeo; Cyll Farney

• *A Noite dos Assassinos*
(produtor, diretor e ator) – lançado em 1977
Elenco: Rodolfo Arena; Vera Gimenez; Paulo Leite Brandão; Armando Rigo – Personagem: Lucas, policial que investiga um assalto a banco

1975
• *O Homem de Papel* (Volúpia do desejo)
Direção: Carlos Coimbra – Elenco: Milton Moraes; Vera Gimenez; José Lewgoy – Personagem: aparece como ele mesmo em participação especial

• *A Nudez de Alexandra* (coprodução francesa)
Direção: Pierre Kast – Elenco: Jean-Claude Brialy; Alexandra Stewart; Hugo Carvana; Pierre-Jean Rémy – Personagem: Rui, um brasileiro que namora uma turista francesa

Com a esposa Vera e Roberto Carlos

- *Assim era a Atlântida*
Direção: Carlos Manga – Documentário sobre a era de ouro da Atlântida, que traz imagens de arquivo de alguns filmes do ator

- *Nós, os Canalhas*
(produtor, diretor e ator) – lançado em 1976
Elenco: Vera Gimenez; Benedito Corsi; Rubens de Falco – Personagem: José Cláudio, um engenheiro que quer vingar a morte da sua mulher

1974
- *Um Edifício Chamado 200*
Direção: Carlos Imperial – Elenco: Milton Moraes; Tânia Scher; Kate Lyra – Personagem: aparece como ele mesmo em participação especial

- *O Mau-Caráter*
(produtor, diretor e ator) – lançado em 1975
Elenco: Vera Gimenez; Rodolfo Arena; Rubens de Falco; Becky Klabin – Personagem: Baby, um vidente picareta

1973
- *Obsessão* (produtor, diretor e ator)
Elenco: Rossana Ghessa; Vera Gimenez; Edson França; Felipe Carone – Personagem: Bernardo, prefeito de uma cidade do Espírito Santo, que tenta desvendar o assassinato da sua noiva

Com Anibal Massaini

• *A Filha de Madame Betina*
(produtor, diretor e ator) – lançado em 1975
Elenco: Geórgia Quental; Vera Gimenez; Otávio Augusto – Personagem: Otávio, mesmo jornalista de *O Enterro da Cafetina*, que agora se apaixona pela filha da dona do bordel

1972
• *A Difícil Vida Fácil* (produtor e ator)
Direção: Alberto Pieralisi – Elenco: Sandra Barsotti; Rubens de Falco; Emiliano Queiroz; Vera Gimenez – Personagem: Sérgio, publicitário que gosta de uma prostituta

1971
• *Edy Sexy, o Agente Positivo* (produtor)
Direção: Fábio Sabag – Elenco: Raimundo Abreu; Milton Carneiro; Rossana Ghessa

• *Mãos Vazias* (produtor)
Direção: Luiz Carlos Lacerda de Freitas – Elenco: Leila Diniz; Arduíno Colassanti; Ana Maria Magalhães; Irene Stefânia

1970
• *O Vale do Canaã*
(produtor e diretor)
Elenco: Milton Rodrigues; Elisângela; Mario Petraglia; Bob Nelson

Em cena de A Lei do Cão

• *Memórias de um Gigolô* (produtor e ator)
Direção: Alberto Pieralisi – Elenco: Cláudio Cavalcanti; Rossana Ghessa; Fábio Sabag – Personagem: Esmeraldo, um cafetão que interfere no romance de uma prostituta com um cliente

• *Dois Perdidos numa Noite Suja* (produtor)
Direção: Braz Chediak – Elenco: Emiliano Queiroz; Nelson Xavier; Paulo Sacramento

• *O Enterro da Cafetina*
(produtor e ator) – lançado em 1971
Direção: Alberto Pieralisi – Elenco: Henriqueta Brieba; Elza Gomes; Jorge Cherques – Personagem: Otávio, jornalista boêmio, frequentador de um bordel

1969
• *Navalha na Carne* (produtor e ator)
Direção: Braz Chediak – Elenco: Emiliano Queiroz; Glauce Rocha; Carlos Kröeber – Personagem: Vado, um cafetão

• *Os Raptores* (produtor)
Direção: Aurélio Teixeira – Elenco: Darlene Glória; Ary Fontoura; Sebastião Vasconcelos

• *O Matador Profissional*
(produtor, diretor e ator)
Elenco: Darlene Glória; Fábio Sabag; Carlos

Com Felipe Camargo

Eduardo Dolabella – Personagem: Túlio, um matador de aluguel caladão, que lê Hermann Hesse

• *Quelé do Pajeú*
Direção: Anselmo Duarte – Elenco: Tarcísio Meira; Rossana Ghessa; Sérgio Hingst; Simplício – Personagem: Cesídio da Costa, um malfeitor

1968
• *As Sete Faces de um Cafajeste*
(produtor, diretor e ator)
Elenco: Odete Lara; Norma Blum; Adriana Prieto – Personagem: Alfredo, um ricaço conquistador de mulheres dos outros

• *Os Viciados – 1º Episódio, A Trajetória* (produtor)
Direção: Braz Chediak – Elenco: Andros Chediak; Leila Santos; José Lewgoy

• *Os Viciados – 2º Episódio, A Fuga* (produtor)
Direção: Braz Chediak – Elenco: Cláudio Marzo; Darlene Glória; Esther Lessa

• *Os Viciados – 3º Episódio, Favela*
(produtor e ator)
Direção: Braz Chediak – Elenco: Dinorah Brillanti; Fábio Sabag; Zena Felix – Personagem: Jorge, um toxicômano que dopa a mãe para fazer sexo com ela

Com Eva Todor, anos 70

- ***A Noite do Meu Bem***
(produtor e diretor) – lançado em 1969
Elenco: Joana Fomm; Carlos Eduardo Dolabella;
Irma Alvarez; Regina Célia; Edu da Gaita

1967
- ***Mineirinho, Vivo ou Morto*** (produtor e ator)
Direção: Aurélio Teixeira – Elenco: Leila Diniz;
Wilson Grey; Milton Gonçalves – Personagem:
José Rosa de Miranda, o Mineirinho, que, acidentalmente, se transforma num fora da lei

- ***A Lei do Cão*** (produtor, diretor e ator)
Elenco: Hércio Machado; Esther Mellinger; Adriana Prieto; Betty Faria; Neusa Amaral – Personagem: Quinzinho, um matador de aluguel

- ***Jerry, a Grande Parada*** (produtor)
Direção: Carlos Alberto de Souza Barros – Elenco:
Jerry Adriani; Neide Aparecida; Agildo Ribeiro;
José Lewgoy; Fernando Torres

- ***Em Busca do Tesouro*** (produtor)
Direção: Carlos Alberto de Souza Barros – Elenco: Jerry Adriani; Neide Aparecida; Luiz Delfino;
Fábio Sabag; Fernando Torres

- ***A Espiã que Entrou em Fria*** – lançado em 1968
Direção: Sanin Cherques – Elenco: Agildo Ribeiro;
Carmen Verônica; Afonso Stuart; Jorge Loredo

Com o jogador Tostão, 1972

Personagem: participação afetiva (*aparição rápida, que se faz por amizade*) junto com Norma Bengell, Anselmo Duarte, Ivon Curi e Carlos Alberto

1966
• *Paraíba, Vida e Morte de um Bandido* (produtor e ator)
Direção: Victor Lima – Elenco: Rossana Ghessa; Darlene Glória; Milton Gonçalves – Personagem: Paraíba, marginal perigoso, com mais de uma dúzia de mortes nas costas

• *Essa Gatinha é Minha* (produtor e diretor)
Elenco: Jerry Adriani; Annik Malvil; Rubens de Falco; Silvio César

1965
• *A História de um Crápula*
(produtor, diretor e ator)
Elenco: Mário Lago; José Lewgoy; Milton Gonçalves; Jorge Dória – Personagem: Pedro Talavera, um deputado corrupto

• *22–2000 Cidade Aberta* (condensação de quatro filmes para a televisão, exibidos em 1965 pela TV Globo, do Rio. O lançamento cinematográfico aconteceu em 1968)
Direção: Victor Lima – Elenco: Jardel Filho; Cláudio Cavalcanti; Maria Pompeu; Sadi Cabral, Márcia de Windsor

Em cena de O Mau-Caráter

1964

• *Asfalto Selvagem*
Direção: J. B. Tanko – Elenco: Maria Helena Dias; Jorge Dória; Vera Viana – Personagem: Silvio, o primo seduzido pela prima

• *Procura-se uma Rosa*
(produtor e estreia como diretor) – lançado em 1965
Elenco: Milton Gonçalves; Leonardo Villar; Tereza Rachel; Rodolfo Arena; Jorge Dória

1963

• *Bonitinha, mas Ordinária* (produtor e ator)
Direção: Billy Davis (pseudônimo para J.P. Carvalho) – Elenco: Lia Rossi; Odete Lara; Ambrósio Fregolente – Personagem: Edgar, jovem pobre, que vive o dilema de se casar por dinheiro ou levar adiante uma paixão por outra mulher

1962

• *Pedro e Paulo* (coprodução argentina, também conhecida como *Tercer Mundo*)
Direção: Angel Acciaresi – Elenco: Jardel Filho; Jose Maria Langlais; Pedro Aleandro; Juan Carlos Palma; Elida Gay Palmer – Personagem: Bom Cabelo, um malandro de morro

• *Boca de Ouro*
(produtor e ator) – lançado em 1963
Direção: Nelson Pereira dos Santos – Elenco:

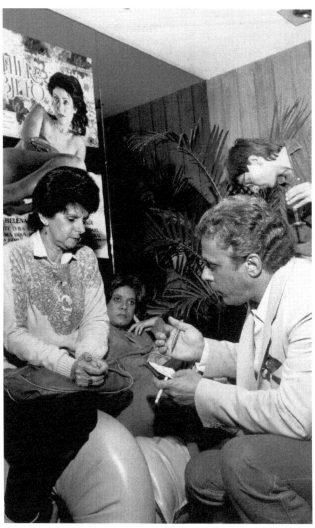
Com Janete Clair, na pré-estreia de Mulher Objeto

Odete Lara; Daniel Filho; Maria Lucia Monteiro; Ivan Cândido – Personagem: Boca de Ouro, contraventor mulherengo

1961
• *Mulheres e Milhões*
Direção: Jorge Ileli – Elenco: Norma Bengell; Odete Lara; Glauce Rocha; Mario Benvenutti – Personagem: Nando, um assaltante

• *Favela* (coprodução argentina)
Direção: Armando Bó – Elenco: Isabel Sarli; Carlos Amaury; Moacyr Deriquém; Ruth de Souza – Personagem: um sambista, malandro de morro

• *Os Cafajestes*
(ator e estreia como produtor) – lançado em 1962
Direção: Ruy Guerra – Elenco: Norma Bengell; Daniel Filho; Lucy Carvalho – Personagem: Jandir, um marginal de Copacabana, mau-caráter

1960
• *Tudo Legal*
Direção: Victor Lima – Elenco: Ronald Golias; Jaime Costa, Wilson Grey; Jô Soares – Personagem: Chico 22, um bandido atrapalhado

1958
• *Mulher de Fogo* (coprodução mexicana)
Direção: Tito Davison e Oswaldo Louzada – Elen-

Com David Cardoso

co: Ninón Sevilha; Nélia Paula; Alicia Montoya; Grande Otelo

1957
• *Garotas e Samba*
Direção: Carlos Manga – Elenco: Renata Fronzi; Adelaide Chiozzo; Sonia Mamede; Francisco Carlos; Zé Trindade; Ivon Curi – Personagem: Belmiro, *"mais conhecido como Cheiroso"*, um vigarista mulherengo

• *Rio, Zona Norte*
Direção: Nelson Pereira dos Santos – Elenco: Grande Otelo; Paulo Goulart – Personagem: Maurício Silva, um radialista picareta, que se apropria de músicas alheias

1955
• *Rio, 40 Graus – lançado em 1956*
Direção: Nelson Pereira dos Santos – Elenco: Roberto Batalin; Glauce Rocha; Ana Beatriz – Personagem: Miro, malandro de morro machão, que acaba se revelando um sujeito solidário

1954
• *Nobreza Gaúcha*
Direção: Rafael Mancini – Elenco: Patrícia Lacerda; Silvio Vieira; Roberto Batalin; Maria Fernanda – Personagem: Jece Valadão participou da primeira filmagem, formando um triângulo amoroso com

Na Bahia, com Pelé e casal de amigos

Maria Fernanda e Emílio Castelar, mas, por causa de uma briga com o diretor, foi eliminado da versão final, refeita e lançada em 1958

1953
- ***Almas em Conflito***
Direção: Rafael Mancini – Elenco: Jacy de Oliveira, Rosângela Maldonado; Paulo Maurício – Personagem: pequena participação como coadjuvante

- ***Carnaval em Caxias***
Direção: Paulo Vanderley – Elenco: Carmélia Alves; Dircinha Batista; Linda Batista – Personagem: pequena participação como coadjuvante

1952
- ***Três Vagabundos***
Direção: José Carlos Burle – Elenco: Grande Otelo; Oscarito; Cyll Farney – Personagem: pequena participação como coadjuvante

- ***Amei um Bicheiro***
Direção: Jorge Ileli e Paulo Vanderley – Elenco: Eliana; Cyll Farney; Grande Otelo – Personagem: um dos bicheiros

1951
- ***Barnabé, Tu és Meu***
Direção: José Carlos Burle – Elenco: Fada Santoro; Grande Otelo; Oscarito; Cyll Farney; José Lewgoy – Personagem: o arauto do palácio da princesa

1949

• *Também Somos Irmãos*
Direção: José Carlos Burle – Elenco: Grande Otelo; Jorge Dória; Átila Iório; Aguinaldo Rayol – Personagem: uma ponta como um garçom

• *Carnaval no Fogo*
Direção: Watson Macedo – Elenco: Grande Otelo; Oscarito; Eliana Macedo; Anselmo Duarte; Francisco Carlos – Personagem: pequena participação como coadjuvante (*Figurante não tem fala, coadjuvante tem*, diferencia Jece Valadão)

Índice

No Passado Está a História do Futuro – Alberto Goldman	5
Coleção Aplauso – Hubert Alquéres	7
Deus e o Diabo na Terra do Sol – Apoenan Rodrigues	11
Brumas do Tempo	17
Vida Mambembe	23
Jogo de Malandro	29
Rádio Rabo Quente	33
As Sete Faces de um Cafajeste	37
Sorte de Principiante	41
Rio, 40 Graus	49
Revanche	55
Beijo Roubado	59
O Personagem que Virou Alcunha	63
Eu, Hein?	71
Carnaval no Fogo	75
Contos de Alcova	79
Pioneirismo	81
Uma Câmera na Mão, uma Ideia na Cabeça e uma Merda na Tela	85
Ovos de Ouro	91
Promessa Quebrada	95

Não me Toques	99
Filmes Marcantes	103
Espelho de Todo Homem	107
Glauber Rocha	111
Política é o Fim	113
Memória Auditiva	115
Televisão	117
Mea-Culpa	121
Dinheiro na Mão é Vendaval	125
O Começo da Grande Virada	127
Deus ao Telefone	131
Equação Divina	137
Revelação Bíblica	143
Ventríloquo de Jesus	147
Missão	151
Xô, Satanás	155
Linha Divisória	157
Maldição Cega	161
Mansões Celestiais	165
À Sua Imagem e Semelhança	167
Meu Corpo é a Morada do Espírito	171
Drogas e Dinheiro	175
Glória Eterna	177
Cronologia	179

Crédito das fotografias

Acervo Rubens Ewald Filho 107, 218, 246, 248, 265

Carlos-Rio 220, 228, 230, 256

Paulo Jabur 61

Demais fotografias: acervo Jece Valadão

A despeito dos esforços de pesquisa empreendidos pela Editora para identificar a autoria das fotos expostas nesta obra, parte delas não é de autoria conhecida de seus organizadores.
Agradecemos o envio ou comunicação de toda informação relativa à autoria e/ou a outros dados que porventura estejam incompletos, para que sejam devidamente creditados.

Coleção Aplauso

Série Cinema Brasil

Alain Fresnot – Um Cineasta sem Alma
Alain Fresnot

Agostinho Martins Pereira – Um Idealista
Máximo Barro

Alfredo Sternheim – Um Insólito Destino
Alfredo Sternheim

O Ano em Que Meus Pais Saíram de Férias
Roteiro de Cláudio Galperin, Bráulio Mantovani, Anna Muylaert
e Cao Hamburger

Anselmo Duarte – O Homem da Palma de Ouro
Luiz Carlos Merten

Antonio Carlos da Fontoura – Espelho da Alma
Rodrigo Murat

Ary Fernandes – Sua Fascinante História
Antônio Leão da Silva Neto

O Bandido da Luz Vermelha
Roteiro de Rogério Sganzerla

Batismo de Sangue
Roteiro de Dani Patarra e Helvécio Ratton

Bens Confiscados
Roteiro comentado pelos seus autores Daniel Chaia e Carlos
Reichenbach

Braz Chediak – Fragmentos de uma Vida
Sérgio Rodrigo Reis

Cabra-Cega
Roteiro de Di Moretti, comentado por Toni Venturi e Ricardo
Kauffman

O Caçador de Diamantes
Roteiro de Vittorio Capellaro, comentado por Máximo Barro

Carlos Coimbra – Um Homem Raro
Luiz Carlos Merten

Carlos Reichenbach – O Cinema Como Razão de Viver
Marcelo Lyra

A Cartomante
Roteiro comentado por seu autor Wagner de Assis

Casa de Meninas
Romance original e roteiro de Inácio Araújo

O Caso dos Irmãos Naves
Roteiro de Jean-Claude Bernardet e Luis Sérgio Person

O Céu de Suely
Roteiro de Karim Aïnouz, Felipe Bragança e Maurício Zacharias

Chega de Saudade
Roteiro de Luiz Bolognesi

Cidade dos Homens
Roteiro de Elena Soárez

Como Fazer um Filme de Amor
Roteiro escrito e comentado por Luiz Moura e José Roberto Torero

O Contador de Histórias
Roteiro de Luiz Villaça, Mariana Veríssimo, Maurício Arruda e José Roberto Torero

Críticas de B.J. Duarte – Paixão, Polêmica e Generosidade
Luiz Antonio Souza Lima de Macedo

Críticas de Edmar Pereira – Razão e Sensibilidade
Org. Luiz Carlos Merten

Críticas de Jairo Ferreira – Críticas de invenção:
Os Anos do São Paulo Shimbun
Org. Alessandro Gamo

Críticas de Luiz Geraldo de Miranda Leão –
Analisando Cinema: Críticas de LG
Org. Aurora Miranda Leão

Críticas de Ruben Biáfora – A Coragem de Ser
Org. Carlos M. Motta e José Júlio Spiewak

De Passagem
Roteiro de Cláudio Yosida e Direção de Ricardo Elias

Desmundo
Roteiro de Alain Fresnot, Anna Muylaert e Sabina Anzuategui

Djalma Limongi Batista – Livre Pensador
Marcel Nadale

Dogma Feijoada: O Cinema Negro Brasileiro
Jeferson De

Dois Córregos
Roteiro de Carlos Reichenbach

A Dona da História
Roteiro de João Falcão, João Emanuel Carneiro e Daniel Filho

Os 12 Trabalhos
Roteiro de Cláudio Yosida e Ricardo Elias

Estômago
Roteiro de Lusa Silvestre, Marcos Jorge e Cláudia da Natividade

Feliz Natal
Roteiro de Selton Mello e Marcelo Vindicatto

Fernando Meirelles – Biografia Prematura
Maria do Rosário Caetano

Fim da Linha
Roteiro de Gustavo Steinberg e Guilherme Werneck; Storyboards
de Fábio Moon e Gabriel Bá

Fome de Bola – Cinema e Futebol no Brasil
Luiz Zanin Oricchio

Francisco Ramalho Jr. – Éramos Apenas Paulistas
Celso Sabadin

Geraldo Moraes – O Cineasta do Interior
Klecius Henrique

**Guilherme de Almeida Prado – Um Cineasta
Cinéfilo**
Luiz Zanin Oricchio

Helvécio Ratton – O Cinema Além das Montanhas
Pablo Villaça

O Homem que Virou Suco
Roteiro de João Batista de Andrade, organização de Ariane
Abdallah e Newton Cannito

Ivan Cardoso – O Mestre do Terrir
Remier

**João Batista de Andrade – Alguma Solidão
e Muitas Histórias**
Maria do Rosário Caetano

Jorge Bodanzky – O Homem com a Câmera
Carlos Alberto Mattos

José Antonio Garcia – Em Busca da Alma Feminina
Marcel Nadale

José Carlos Burle – Drama na Chanchada
Máximo Barro

Liberdade de Imprensa – O Cinema de Intervenção
Renata Fortes e João Batista de Andrade

Luiz Carlos Lacerda – Prazer & Cinema
Alfredo Sternheim

Maurice Capovilla – A Imagem Crítica
Carlos Alberto Mattos

Mauro Alice – Um Operário do Filme
Sheila Schvarzman

Máximo Barro – Talento e Altruísmo
Alfredo Sternheim

Miguel Borges – Um Lobisomem Sai da Sombra
Antônio Leão da Silva Neto

Não por Acaso
Roteiro de Philippe Barcinski, Fabiana Werneck Barcinski
e Eugênio Puppo

Narradores de Javé
Roteiro de Eliane Caffé e Luís Alberto de Abreu

Olhos Azuis
Argumento de José Joffily e Jorge Duran
Roteiro de Jorge Duran e Melanie Dimantas

Onde Andará Dulce Veiga
Roteiro de Guilherme de Almeida Prado

Orlando Senna – O Homem da Montanha
Hermes Leal

Pedro Jorge de Castro – O Calor da Tela
Rogério Menezes

Quanto Vale ou É por Quilo
Roteiro de Eduardo Benaim, Newton Cannito e Sergio Bianchi

Ricardo Pinto e Silva – Rir ou Chorar
Rodrigo Capella

Rodolfo Nanni – Um Realizador Persistente
Neusa Barbosa

Salve Geral
Roteiro de Sergio Rezende e Patrícia Andrade

O Signo da Cidade
Roteiro de Bruna Lombardi

Ugo Giorgetti – O Sonho Intacto
Rosane Pavam

Viva-Voz
Roteiro de Márcio Alemão

Vladimir Carvalho – Pedras na Lua e Pelejas no Planalto
Carlos Alberto Mattos

Vlado – 30 Anos Depois
Roteiro de João Batista de Andrade

Zuzu Angel
Roteiro de Marcos Bernstein e Sergio Rezende

Série Cinema

Bastidores – Um Outro Lado do Cinema
Elaine Guerini

Série Ciência & Tecnologia

Cinema Digital – Um Novo Começo?
Luiz Gonzaga Assis de Luca

A Hora do Cinema Digital – Democratização e Globalização do Audiovisual
Luiz Gonzaga Assis De Luca

Série Crônicas

Crônicas de Maria Lúcia Dahl – O Quebra-cabeças
Maria Lúcia Dahl

Série Dança

Rodrigo Pederneiras e o Grupo Corpo – Dança Universal
Sérgio Rodrigo Reis

Série Música

Maestro Diogo Pacheco – Um Maestro para Todos
Alfredo Sternheim

Rogério Duprat – Ecletismo Musical
Máximo Barro

Sérgio Ricardo – Canto Vadio
Eliana Pace

Wagner Tiso – Som, Imagem, Ação
Beatriz Coelho Silva

Série Teatro Brasil

Alcides Nogueira – Alma de Cetim
Tuna Dwek

Antenor Pimenta – Circo e Poesia
Danielle Pimenta

Cia de Teatro Os Satyros – Um Palco Visceral
Alberto Guzik

Críticas de Clóvis Garcia – A Crítica Como Oficio
Org. Carmelinda Guimarães

Críticas de Maria Lucia Candeias – Duas Tábuas e Uma Paixão
Org. José Simões de Almeida Júnior

Federico Garcia Lorca – Pequeno Poema Infinito
Antonio Gilberto e José Mauro Brant

Ilo Krugli – Poesia Rasgada
Ieda de Abreu

João Bethencourt – O Locatário da Comédia
Rodrigo Murat

José Renato – Energia Eterna
Hersch Basbaum

Leilah Assumpção – A Consciência da Mulher
Eliana Pace

Luís Alberto de Abreu – Até a Última Sílaba
Adélia Nicolete

Maurice Vaneau – Artista Múltiplo
Leila Corrêa

Renata Palottini – Cumprimenta e Pede Passagem
Rita Ribeiro Guimarães

Teatro Brasileiro de Comédia – Eu Vivi o TBC
Nydia Licia

O Teatro de Abílio Pereira de Almeida
Abílio Pereira de Almeida

O Teatro de Aimar Labaki
Aimar Labaki

O Teatro de Alberto Guzik
Alberto Guzik

O Teatro de Antonio Rocco
Antonio Rocco

O Teatro de Cordel de Chico de Assis
Chico de Assis

O Teatro de Emílio Boechat
Emílio Boechat

O Teatro de Germano Pereira – Reescrevendo Clássicos
Germano Pereira

O Teatro de José Saffioti Filho
José Saffioti Filho

O Teatro de Alcides Nogueira – Trilogia: Ópera Joyce – Gertrude Stein, Alice Toklas & Pablo Picasso – Pólvora e Poesia
Alcides Nogueira

O Teatro de Ivam Cabral – Quatro textos para um teatro veloz: Faz de Conta que tem Sol lá Fora – Os Cantos de Maldoror – De Profundis – A Herança do Teatro
Ivam Cabral

O Teatro de Noemi Marinho: Fulaninha e Dona Coisa, Homeless, Cor de Chá, Plantonista Vilma
Noemi Marinho

Teatro de Revista em São Paulo – De Pernas para o Ar
Neyde Veneziano

O Teatro de Samir Yazbek: A Entrevista – O Fingidor – A Terra Prometida
Samir Yazbek

O Teatro de Sérgio Roveri
Sérgio Roveri

Teresa Aguiar e o Grupo Rotunda – Quatro Décadas em Cena
Ariane Porto

Série Perfil

Analy Alvarez – De Corpo e Alma
Nicolau Radamés Creti

Aracy Balabanian – Nunca Fui Anjo
Tania Carvalho

Arllete Montenegro – Fé, Amor e Emoção
Alfredo Sternheim

Ary Fontoura – Entre Rios e Janeiros
Rogério Menezes

Berta Zemel – A Alma das Pedras
Rodrigo Antunes Corrêa

Bete Mendes – O Cão e a Rosa
Rogério Menezes

Betty Faria – Rebelde por Natureza
Tania Carvalho

Carla Camurati – Luz Natural
Carlos Alberto Mattos

Cecil Thiré – Mestre do seu Ofício
Tania Carvalho

Celso Nunes – Sem Amarras
Eliana Rocha

Cleyde Yaconis – Dama Discreta
Vilmar Ledesma

David Cardoso – Persistência e Paixão
Alfredo Sternheim

Débora Duarte – Filha da Televisão
Laura Malin

Denise Del Vecchio – Memórias da Lua
Tuna Dwek

Elisabeth Hartmann – A Sarah dos Pampas
Reinaldo Braga

Emiliano Queiroz – Na Sobremesa da Vida
Maria Leticia

Emilio Di Biasi – O Tempo e a Vida de um Aprendiz
Erika Riedel

Etty Fraser – Virada Pra Lua
Vilmar Ledesma

Ewerton de Castro – Minha Vida na Arte: Memória e Poética
Reni Cardoso

Fernanda Montenegro – A Defesa do Mistério
Neusa Barbosa

Fernando Peixoto – Em Cena Aberta
Marília Balbi

Geórgia Gomide – Uma Atriz Brasileira
Eliana Pace

Gianfrancesco Guarnieri – Um Grito Solto no Ar
Sérgio Roveri

Glauco Mirko Laurelli – Um Artesão do Cinema
Maria Angela de Jesus

Ilka Soares – A Bela da Tela
Wagner de Assis

Irene Ravache – Caçadora de Emoções
Tania Carvalho

Irene Stefania – Arte e Psicoterapia
Germano Pereira

Isabel Ribeiro – Iluminada
Luis Sergio Lima e Silva

Isolda Cresta – Zozô Vulcão
Luis Sérgio Lima e Silva

Joana Fomm – Momento de Decisão
Vilmar Ledesma

John Herbert – Um Gentleman no Palco e na Vida
Neusa Barbosa

Jonas Bloch – O Ofício de uma Paixão
Nilu Lebert

Jorge Loredo – O Perigote do Brasil
Cláudio Fragata

José Dumont – Do Cordel às Telas
Klecius Henrique

Leonardo Villar – Garra e Paixão
Nydia Licia

Lília Cabral – Descobrindo Lília Cabral
Analu Ribeiro

Lolita Rodrigues – De Carne e Osso
Eliana Castro

Louise Cardoso – A Mulher do Barbosa
Vilmar Ledesma

Marcos Caruso – Um Obstinado
Eliana Rocha

Maria Adelaide Amaral – A Emoção Libertária
Tuna Dwek

Marisa Prado – A Estrela, O Mistério
Luiz Carlos Lisboa

Mauro Mendonça – Em Busca da Perfeição
Renato Sérgio

Miriam Mehler – Sensibilidade e Paixão
Vilmar Ledesma

Naum Alves de Souza: Imagem, Cena, Palavra
Alberto Guzik

Nicette Bruno e Paulo Goulart – Tudo em Família
Elaine Guerrini

Nívea Maria – Uma Atriz Real
Mauro Alencar e Eliana Pace

Niza de Castro Tank – Niza, Apesar das Outras
Sara Lopes

Paulo Betti – Na Carreira de um Sonhador
Teté Ribeiro

Paulo José – Memórias Substantivas
Tania Carvalho

Paulo Hesse – A Vida Fez de Mim um Livro e Eu Não Sei Ler
Eliana Pace

Pedro Paulo Rangel – O Samba e o Fado
Tania Carvalho

Regina Braga – Talento é um Aprendizado
Marta Góes

Reginaldo Faria – O Solo de Um Inquieto
Wagner de Assis

Renata Fronzi – Chorar de Rir
Wagner de Assis

Renato Borghi – Borghi em Revista
Élcio Nogueira Seixas

Renato Consorte – Contestador por Índole
Eliana Pace

Rolando Boldrin – Palco Brasil
Ieda de Abreu

Rosamaria Murtinho – Simples Magia
Tania Carvalho

Rubens de Falco – Um Internacional Ator Brasileiro
Nydia Licia

Ruth de Souza – Estrela Negra
Maria Ângela de Jesus

Sérgio Hingst – Um Ator de Cinema
Máximo Barro

Sérgio Viotti – O Cavalheiro das Artes
Nilu Lebert

Silnei Siqueira – A Palavra em Cena
Ieda de Abreu

Silvio de Abreu – Um Homem de Sorte
Vilmar Ledesma

Sônia Guedes – Chá das Cinco
Adélia Nicolete

Sonia Maria Dorce – A Queridinha do meu Bairro
Sonia Maria Dorce Armonia

Sonia Oiticica – Uma Atriz Rodriguiana?
Maria Thereza Vargas

Stênio Garcia – Força da Natureza
Wagner Assis

Suely Franco – A Alegria de Representar
Alfredo Sternheim

Tatiana Belinky – ... E Quem Quiser Que Conte Outra
Sérgio Roveri

Theresa Amayo – Ficção e Realidade
Theresa Amayo

Tony Ramos – No Tempo da Delicadeza
Tania Carvalho

Umberto Magnani – Um Rio de Memórias
Adélia Nicolete

Vera Holtz – O Gosto da Vera
Analu Ribeiro

Vera Nunes – Raro Talento
Eliana Pace

Walderez de Barros – Voz e Silêncios
Rogério Menezes

Walter George Durst – Doce Guerreiro
Nilu Lebert

Zezé Motta – Muito Prazer
Rodrigo Murat

Especial

Agildo Ribeiro – O Capitão do Riso
Wagner de Assis

Av. Paulista, 900 – a História da TV Gazeta
Elmo Francfort

Beatriz Segall – Além das Aparências
Nilu Lebert

Carlos Zara – Paixão em Quatro Atos
Tania Carvalho

Célia Helena – Uma Atriz Visceral
Nydia Licia

Charles Möeller e Claudio Botelho – Os Reis dos Musicais
Tania Carvalho

Cinema da Boca – Dicionário de Diretores
Alfredo Sternheim

Dina Sfat – Retratos de uma Guerreira
Antonio Gilberto

Eva Todor – O Teatro de Minha Vida
Maria Angela de Jesus

Eva Wilma – Arte e Vida
Edla van Steen

Gloria in Excelsior – Ascensão, Apogeu e Queda do Maior Sucesso da Televisão Brasileira
Álvaro Moya

Lembranças de Hollywood
Dulce Damasceno de Britto, organizado por Alfredo Sternheim

Maria Della Costa – Seu Teatro, Sua Vida
Warde Marx

Mazzaropi – Uma Antologia de Risos
Paulo Duarte

Ney Latorraca – Uma Celebração
Tania Carvalho

*Odorico Paraguaçu: O Bem-amado de Dias
Gomes – História de um Personagem Larapista e
Maquiavelento*
José Dias

Raul Cortez – Sem Medo de se Expor
Nydia Licia

Rede Manchete – Aconteceu, Virou História
Elmo Francfort

Sérgio Cardoso – Imagens de Sua Arte
Nydia Licia

Tônia Carrero – Movida pela Paixão
Tania Carvalho

TV Tupi – Uma Linda História de Amor
Vida Alves

Victor Berbara – O Homem das Mil Faces
Tania Carvalho

*Walmor Chagas – Ensaio Aberto para Um Homem
Indignado*
Djalma Limongi Batista

© **imprensaoficial** 2010

**Dados Internacionais de Catalogação na Publicação
Biblioteca da Imprensa Oficial do Estado de São Paulo**

Rodrigues, Apoenan.
 Jece Valadão : também somos irmãos / por Apoenan Rodrigues. – São Paulo : Imprensa Oficial do Estado de São Paulo, 2010.
 248p. : il. – (Coleção aplauso. Série perfil / coordenador geral Rubens Ewald Filho).

 ISBN 978-85-7060-892-5

 1. Atores e atrizes cinematográficos – Brasil – Biografia 2. Atores e atrizes de teatro – Brasil – Biografia 3. Cinema – Produtores e diretores 4. Valadão, Jece I. Ewald Filho, Rubens. II. Título. III. Série.

CDD – 791.092

Índices para catálogo sistemático:
1. Atores brasileiros : Biografia : Representações públicas : Artes 791.092

Proibida reprodução total ou parcial sem autorização prévia do autor ou dos editores
Lei nº 9.610 de 19/02/1998

Foi feito o depósito legal
Lei nº 10.994, de 14/12/2004

Impresso no Brasil / 2010

Todos os direitos reservados.

Imprensa Oficial do Estado de São Paulo
Rua da Mooca, 1921   Mooca
03103-902   São Paulo   SP
www.imprensaoficial.com.br/livraria
livros@imprensaoficial.com.br
SAC 0800 01234 01
sac@imprensaoficial.com.br

Coleção Aplauso Série Perfil

Coordenador Geral	Rubens Ewald Filho
Coordenador Operacional e Pesquisa Iconográfica	Marcelo Pestana
Projeto Gráfico	Carlos Cirne
Editor Assistente	Felipe Goulart
Editoração	Aline Navarro
	Selma Brisolla
Tratamento de Imagens	José Carlos da Silva
Revisão	Wilson Ryoji Imoto

Formato: 12 x 18 cm

Tipologia: Frutiger

Papel miolo: Offset LD 90 g/m^2

Papel capa: Triplex 250 g/m^2

Número de páginas: 248

Editoração, CTP, impressão e acabamento:
Imprensa Oficial do Estado de São Paulo

*Nesta edição, respeitou-se o novo
Acordo Ortográfico da Língua Portuguesa*

Coleção *Aplauso* I em todas as livrarias e no site
www.imprensaoficial.com.br/livraria

imprensaoficial